カフェのお菓子

好きな飲み物と過ごす心地よい時間

毛《マオ》 宣恵《シュエンホェイ》

家の光協会

はじめに

カフェに行くことが好きになったのは、学生時代のこと。

その後、古い時代の面影を残す喫茶店に惹かれるようになりました。

そこに行けばその場にしかない雰囲気が味わえて、その空間の中で飲み物とお菓子が楽しめる。

そんな〝カフェの時間〟を味わうことが、私自身大好きです。


東京の蔵前エリアに「from afar 倉庫01（現在は「from afar」に改名）」を開いたのが２０１５年。

気がつけば、「喫茶半月」「茶室 小雨」と店が増え、途中、移転もしました。

三店とも個性は違うけれど、東京の真ん中から少し離れているのは同じです。

二人ではじめたのが、いまはたくさんの仲間がいます。

お客様によくコンセプトは？ と聞かれることがありますが、
実はお店を立ち上げるときは、そんなに深く突きつめていません。
物件や空間に合わせた内装を考えながら、作業しているうちにどんどんイメージが膨らみ、
その後、その空間に合う飲み物とお菓子を考えています。
できるだけ自分たちで手をかけて造っているので、
その時々の私たちを、まるで鏡のように映し出しているかもしれません。

経験を重ねながら、内装が少しずつ上手になったり、年月とともに、お菓子もかわいらしいものから
少しずつ洗練されたものに変わってきたりしています。
一軒一軒のカフェとともに、私自身もいっしょに成長してきたように感じています。

そんな試行錯誤の日々から生まれたこの本を、好きな飲み物を片手にゆっくり味わっていただけたら幸いです。

カフェのお菓子

好きな飲み物と過ごす
心地よい時間

もくじ

本書のルール

○オーブンの温度と焼き時間は目安です。焼き時間はオーブンの熱源や機種によって差が出るので、様子を見ながら加減してください。

○オーブンで焼く際には、表記のない場合は焼き時間が半分経過したら、天板の向きを変えて焼きむらを防いでください。

○バターは「食塩不使用」を使用しています。材料については、p.92を参照してください。

○タルトとシューのクリームは、少し多めにでき上がるものもあります。

○大さじ1は15㎖、小さじ1は5㎖です。

《本書のレシピについて》

この本で紹介しているお菓子について、「作業の難易度」「所要時間」*のレベルを左に記しました。

タルトやシュークリームは、生地作りから組み立てまで多くの工程が必要なので、時間にゆとりがあるときにおすすめします。

チーズケーキやゼリー、ビクトリアケーキは、お菓子作りにあまり慣れていなくても作りやすく、比較的時間もかかりません。

レシピを選ぶ際の参考にしてください。

＊生地をねかせたり、焼いたりする時間は除く。

	作業の難易度	所要時間
タルト各種（p.10～29）	★★☆	★★★
チーズケーキ各種、テリーヌショコラ（p.30、34、50、88）	★☆☆	★☆☆
プリン（p.36）	★★☆	★☆☆
ゼリー各種、パンナコッタ（p.40～45、90）	★☆☆	★☆☆
ビクトリアケーキ（p.52）	★☆☆	★☆☆
ジャム各種（p.56～59）	★☆☆	★☆☆
パーツ4種（p.60）	★☆☆	★☆☆
シュークリーム各種、エクレア（p.66～79）	★★★	★★★
ロールケーキ（p.82）	★★☆	★★☆

from afar について

私たちの出発点となったカフェです。

いまの場所に移転する前は、隅田川対岸の何もない路地にあり、どの駅からも遠かったので、店名を「遠くから」「遥々」という意味の言葉にしました。

(でも、読みにくくて覚えにくい名前だったようで、フロムアフター、フロムアフェアなどといまだによく間違えられ、店の名前の大切さを思い知らされました)

そこは木材倉庫だった建物で、ほぼ二人で毎日こつこつと内装作業をして造り上げました。

遠くてもわざわざ足を運んでもらえる価値のあるカフェになるように、古い倉庫の雰囲気を生かしてアンティークの家具を置いたり、好きな伊万里焼のティーカップを使ったり、半年ごとに内装を変えたり、お菓子のレシピを開発したりと、悩みながらも夢中でした。

当時の雰囲気は、移転後の店にも引き継がれています。

現在の場所は、元は印刷所だった所。

広い空間の中央にあるのが、この店のシンボルともいえる手作りの大きなカップボードです。

時間をかけて少しずつ蒐集したデッドストックのアンティークカップ&ソーサーを並べてあります。

その棚を取り囲むようにカウンター席があり、さらにそのまわりに大小のテーブル席やソファーをランダムに配し、コーナーごとに異なる表情を持たせました。

座る場所で見える風景が変わり、ランプや棚の趣も変えてあります。

気分に合う、お好みの場所を見つけてみてください。

他の二店にはない、この店だけのドリンクメニューがハンドドリップコーヒーです。

深煎りの豆を中心としたラインナップで、深みと苦味とこくがありながら酸味が少なく、お菓子に合うようなブレンドを信頼のおける焙煎所に頼んでいます。

季節の果物をたっぷり盛り込んだタルトにも、チーズケーキやプリンなどともよく合います。

from afar
東京都台東区寿2-5-12加瀬ビル1F
11:00～19:00(L.O.18:30)
定休日　なし
インスタグラム　@01_119
※営業時間、定休日など最新情報はインスタグラムをご確認ください。

[本書掲載のfrom afarのお菓子]
タルト各種(p.10～29)／チーズケーキ(p.30)／ほうじ茶のテリーヌショコラ(p.34)／プリン(p.36)／桃のコンポートゼリー(p.40)／シャインマスカットのゼリー(p.44)
※お菓子のラインナップは時季により変わります。

タルト

Tart

私がタルトで一番大切にしているのは、旬のフレッシュな果物をたっぷり使って季節感を表現すること。初冬から晩春まで長く出回るいちごを皮切りに、国産レモン、アメリカンチェリー、ぶどう、いちじく、マロンと季節を追いかけながら種類を変えていきます。果物に合わせてクリームのレシピを変え、他のパーツも変化させて、季節ごとに異なる味わいを表現しています。

デコレーションも兼ねて表面に絞るクリームは、主役の果物を引き立てる脇役的存在ですが、実は一番工夫のしがいのあるパーツです。ひねりをきかせて香りの要素をふり込むと、途端にタルトが個性的になり、印象的な味わいになります。たとえば、いちごには甘く濃厚なミルクティークリームを合わせて甘酸っぱさを引き立てたり、マロンにはほろ苦いキャラメルクリームで味わいに厚みをもたせたり、レモンにはクリームチーズで仕立てたクリームで酸味にグラデーションをつけたりなど、相性を探りながら工夫しています。

土台となるタルト生地も重要なパーツです。果物やクリームの水分がしみ込んでも風味や食感が損なわれないように、そして最後のひと口までおいしく食べられるように、サクサクに香ばしく焼いています。

いちごミルクティータルト
（作り方 p.20 ～ 21）

基本のタルト生地と敷き込み方

◉材料

(直径7cmのタルトリング約10個分)

発酵バター　120g

粉糖　80g

全卵(溶きほぐす)　20g

薄力粉　160g

全粒粉　40g

アーモンドパウダー　40g

◉下準備

■バター、全卵は常温にもどす。

■薄力粉、全粒粉、アーモンドパウダーはそれぞれふるう。

◉作り方

タルト生地を作る

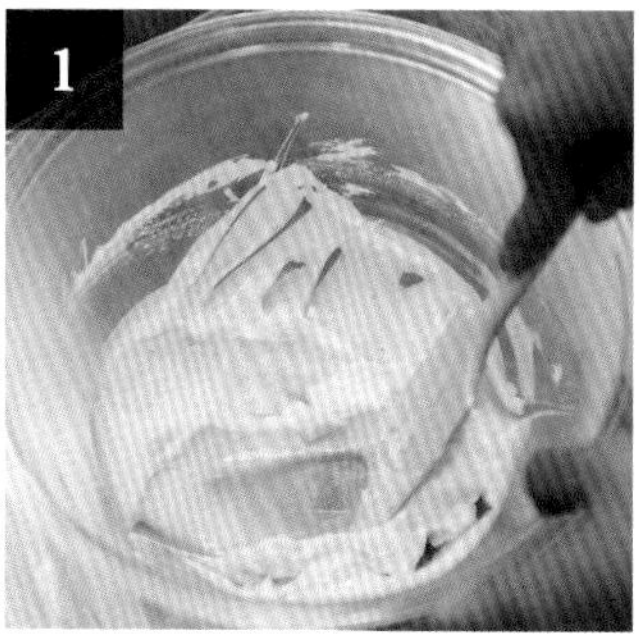

ボウルにバターを入れてゴムべらで練ってやわらかくする。

粉糖を加えてへらでむらなく混ぜ込む。

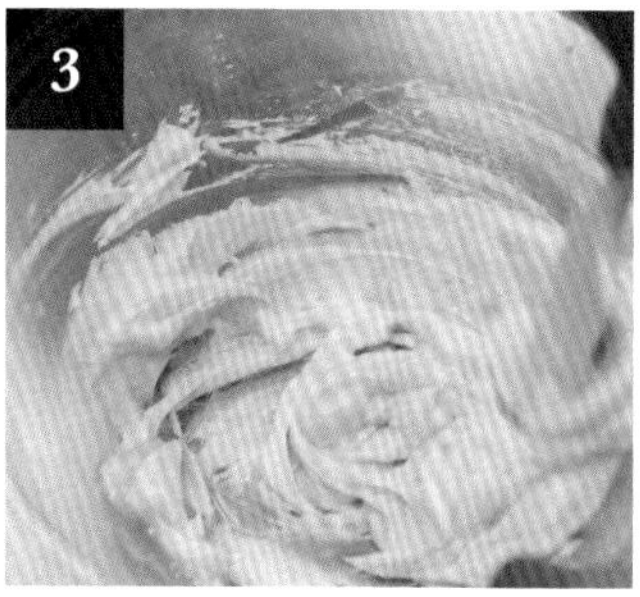

全卵を3回に分けて混ぜ込んでいく。そのつどへらでしっかりと混ぜ、加えた分が完全になじんでから次の分を加える。

Memo 卵とバターが分離しないようによく混ぜましょう。徐々に生地が重たくなってきます。

薄力粉、全粒粉、アーモンドパウダーを一度に加え、へらで切るように混ぜる。

Memo 練らずに混ぜましょう。練るとグルテンが出て、ほろっ、サクッとせず、ねちっとした食感に。

粉気がなくなって生地がまとまってきたら、手でひとまとめにする。ラップで包み、めん棒で厚みをならす。

乾燥しないようにぴっちりと包み、厚さ2cmくらいの正方形に整える。この状態で冷蔵庫で半日ほど休ませる。

Memo 冷やすことでグルテンの粘りが弱まります。また時間をおくことで水分が粉全体にゆきわたります。時間がない場合でも最低1時間は休ませましょう。また、生地はこの状態で保存できます。冷蔵なら3～4日、冷凍なら2週間以内に使い切りましょう。解凍は使う前日に冷蔵庫に移します。

基本のタルト生地と敷き込み方

◉下準備

■空焼きする場合は、ベーキングシートを用意する。タルトリングの直径より5～6cm大きな正方形に切り、各辺の中央と角から放射状に約5cmの切り込みを入れる(a)。

※シートの大きさは、重石を取り出すときにシートごと手で持ち上げられるよう型より大きくしておきます。

■オーブンは180℃に予熱する(空焼きする場合)。

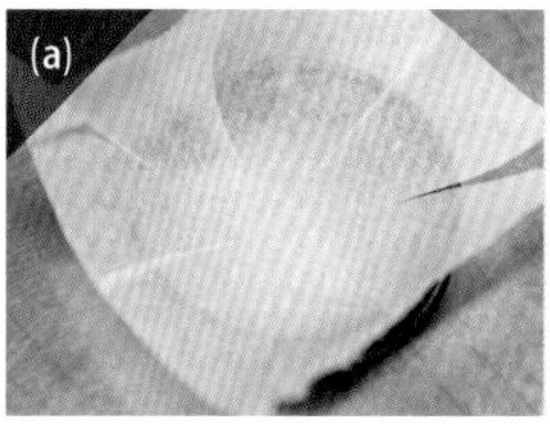

◉作り方

タルト生地の敷き込み

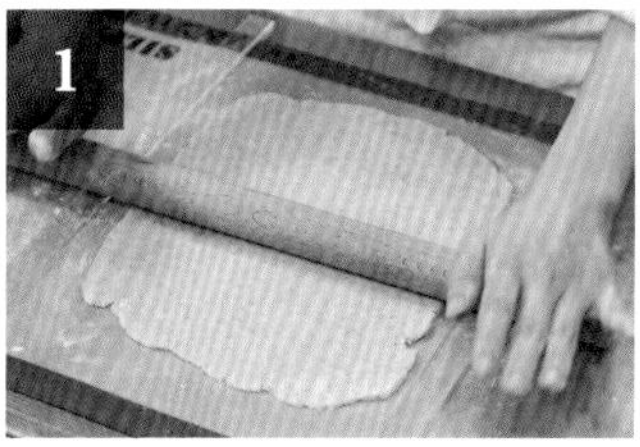

作業台、めん棒、生地にそれぞれ打ち粉(強力粉・材料外)をふる。生地の両脇に3mmのルーラーを置き、その上からめん棒を転がして生地を厚さ3mmにのばす。

直径10cmの抜き型で抜く。ラップで包んで乾燥を防ぎ、冷蔵庫で20分～1時間休ませる。

Memo 生地を冷やして扱いやすいかたさにします。やわらかいとダレてのび、冷えてかたすぎると割れやすくなります。生地の端切れ(2番生地)はまとめ直してビスケットとして焼くとよいでしょう。p.88のレアチーズケーキのボトムにも使えます。

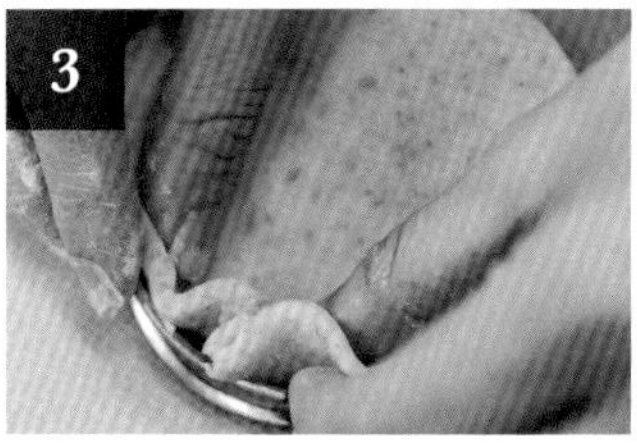

タルトリングの上に生地を当て、縁の1箇所にひだを寄せてリングの内側に落とし込む。

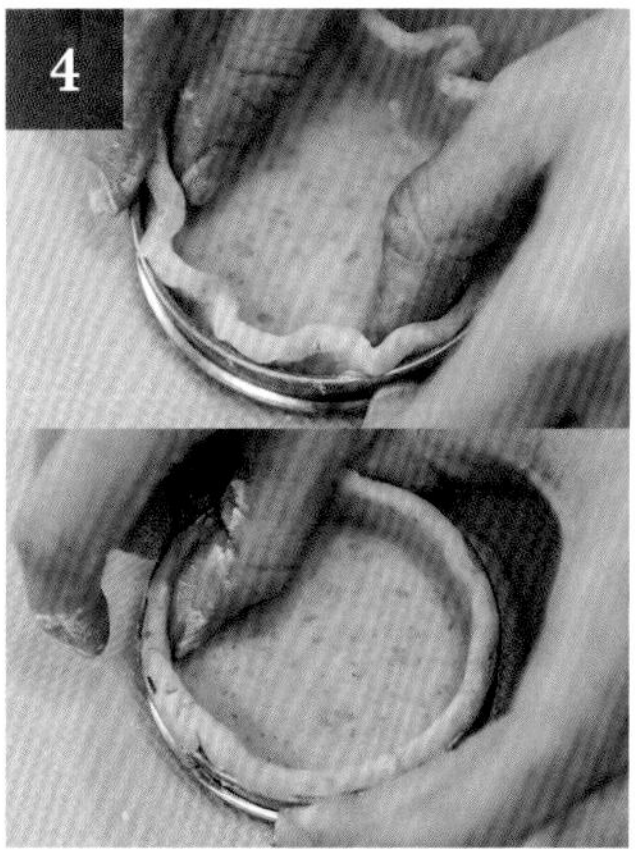

指先でリングの側面に生地をぐるりと押しつける。底の角まで生地が入るよう、角にもぐるりと押しつける。

持ち上げて裏側を見て、底の角まで生地が入り、裏側にはみ出していないことを確かめる。

Memo 角まで生地が敷き詰められていないと生地が下にずり落ち、はみ出していると平らに焼き上がりません。

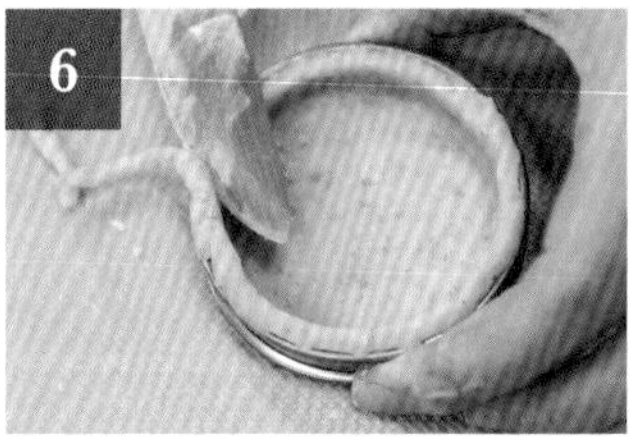

上にはみ出した余分な生地をペティナイフでぐるりと切り取る。

Memo ペティナイフをリングの縁に沿わせながら切ります。

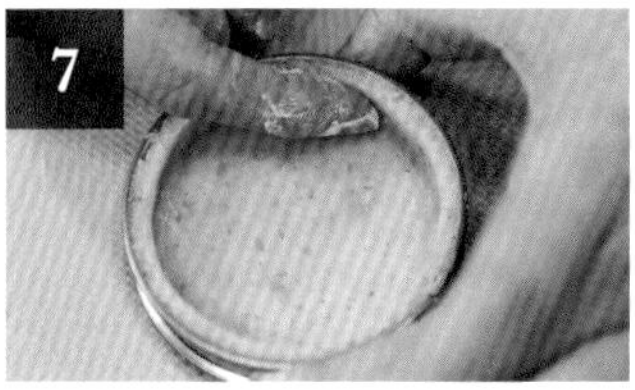

生地全体が同じ厚さになるように指先でならす。

タルト生地を空焼きする場合(タルトカップを作る)

準備したベーキングシートを生地に沿わせて敷き、重石をびっしりと詰める。

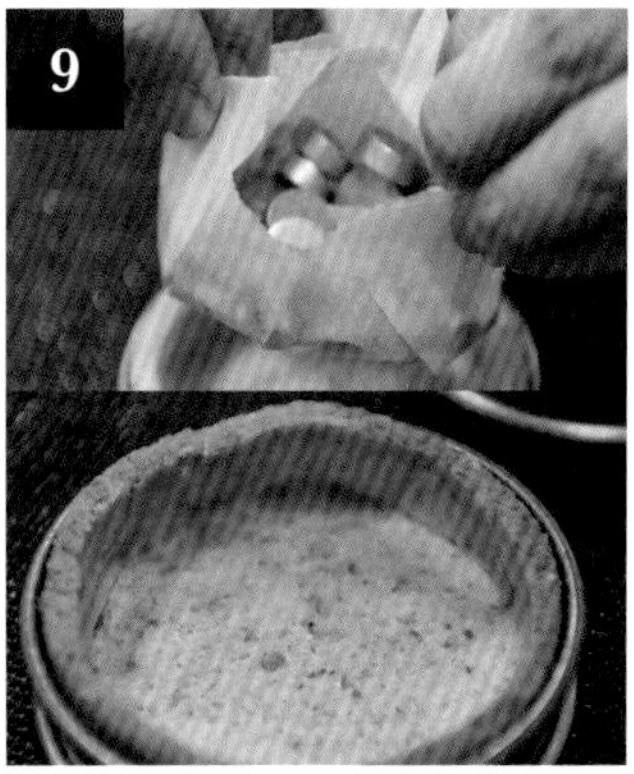

180℃のオーブンで10分焼き、いったん取り出してベーキングシートごと重石を外し、さらに5～10分、生地が薄く色づくまで焼く。

リングを外してケーキクーラーに並べて冷ます。

Memo 焼き上げたタルトカップをすぐに使わない場合は、冷ました後、乾燥剤とともに密閉容器に入れて常温におきます。1週間以内に使い切りましょう。

これをタルトカップと呼ぶ

基本のアーモンドクリーム

◉材料

（いちごミルクティータルト約10個分）

バター　40g

グラニュー糖　25g

全卵（溶きほぐす）　40g

アーモンドパウダー　40g

ラム酒*　4g

＊タルトの主役の具材に合わせて別のリキュールや蒸留酒を使ってもOK。

◉下準備

■バター、全卵は常温にもどす。

■オーブンは180℃に予熱する。天板にベーキングシートを敷く（ともにタルト生地に詰めて焼く場合）。

◉作り方

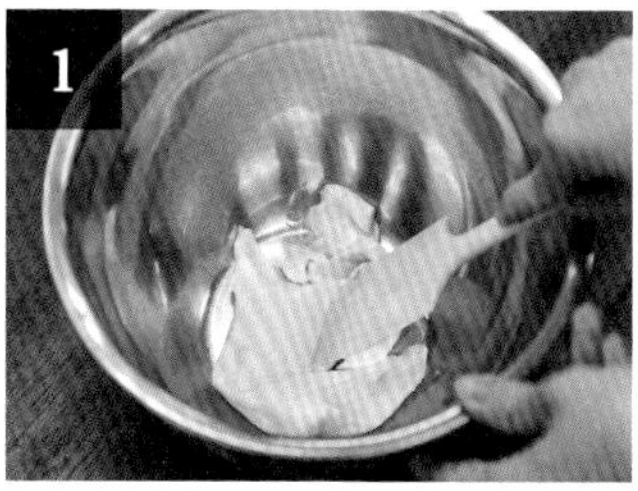

ボウルにバターを入れ、ゴムべらで練ってやわらかくする。

グラニュー糖を加えて混ぜてよくなじませた後、ハンドミキサーで白っぽくなるまで十分に泡立てる。

全卵を3〜4回に分けて加えながら泡立てる。加えた分が完全になじんでから、次の分を加える。

卵が混ざらずに分離してきたら、アーモンドパウダーの一部を加え、卵と交互に加えていくと分離せずに混ぜられる。

アーモンドパウダーをすべて入れ終えて全体が均一になったら、ラム酒を加えて混ぜ上げる。

Memo 冷蔵保存して早めに使い切ります。冷凍で2週間ほど保存可能。

アーモンドクリームを詰めて焼く場合（タルト土台を作る）

アーモンドクリームが冷えて固まっている場合は、500Wの電子レンジでさっと温めてへらで混ぜてやわらかくもどす。天板にタルト生地を敷き込んだタルトリングを並べる。アーモンドクリームをナイフでタルト生地の8分目まで詰める。

180℃のオーブンで30分ほど焼く。表面だけでなく、生地の側面も裏側もきつね色に色づくくらいが焼き上がりの目安。リングを外してケーキクーラーにのせて冷ます。

これをタルト土台と呼ぶ

基本のカスタードクリーム

◉材料

(作りやすい分量)

卵黄　50g

グラニュー糖　40g

バニラビーンズ　1本

牛乳　200g

薄力粉　10g

バター　30g

◉下準備

■薄力粉はふるう。

■バターは常温にもどす。

◉作り方

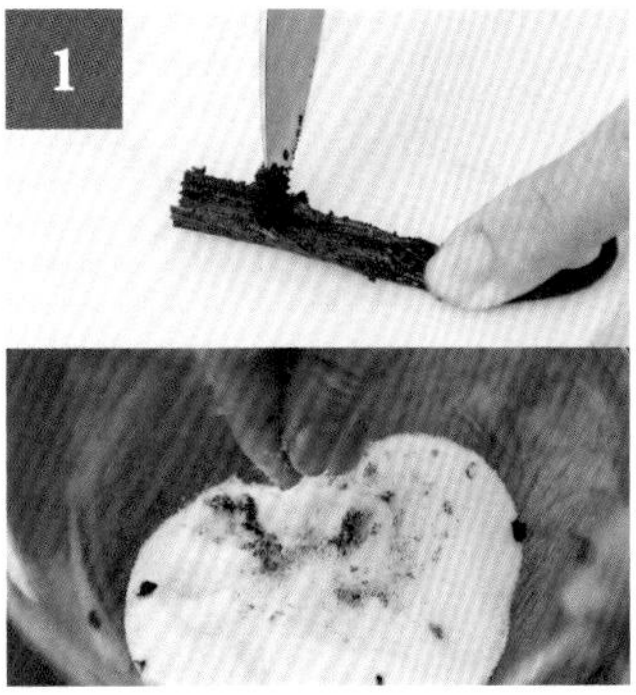

バニラビーンズはナイフで半分に裂き、刃先で種子をこそげ出す。種子とグラニュー糖を合わせ、指先ですり合わせてなじませてバニラシュガーにする(さやはとっておく)。

鍋に牛乳、バニラシュガーの半量、バニラビーンズのさやを入れて中火にかけ、50℃まで温める。

Memo 温度を上げすぎると牛乳の膜ができてしまうので注意。

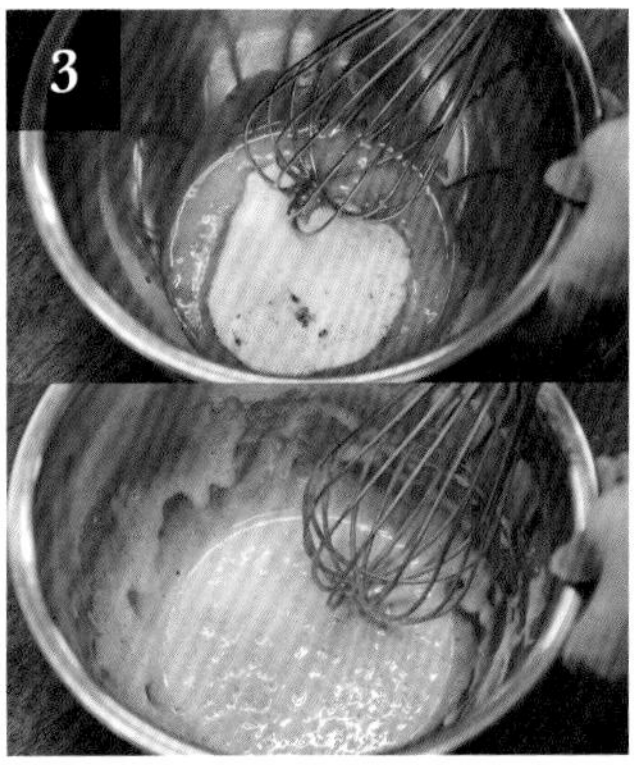

ボウルに卵黄を入れて泡立て器でほぐし、残りのバニラシュガーを加えて泡立て器で十分に混ぜる。目安は白っぽくなって、もったりとするまで。

薄力粉を加えて混ぜる。

[4]に[2]を3回に分けて加えていく。そのつど混ぜて完全になじませてから、次の分を加えること。

Memo 牛乳を一度に全量加えると、その熱で卵に火が通ってダマになってしまいます。

[5]を鍋に戻して中火にかけ、ゴムべらで絶えず鍋の底や角をこすったり、泡立て器で全体を混ぜたりしながら炊く。

混ぜた跡の線が残るくらいにとろみがついたら、バターを加えてしっかりなじませる。

バットに移して薄く広げる。表面にラップをはりつけて粗熱を取り、冷蔵庫で冷やす。バニラのさやは使う直前に取り除き、漉してから使う。

Memo 保存が利かないので早めに使い切りましょう。

ディプロマットクリームの作り方

ディプロマットクリームはカスタードクリームと泡立てた生クリームを混ぜたもの。ふわっと軽めでなめらかな口溶けです。

◉材料

(作りやすい分量)

カスタードクリーム（右ページ）　適量

生クリーム(35% または42%*)　カスタードクリームの半量または同量*

＊生クリームの乳脂肪分は使うお菓子に合わせて変え、カスタードクリームと生クリームの割合もお菓子に合わせて変える。

◉下準備

■生クリームは泡立て用のボウルに入れて冷蔵庫で十分に冷やす。

◉作り方

準備しておいた生クリームのボウルを氷水に当て、ハンドミキサーでかために泡立てる。

冷え固まったカスタードクリームをゴムべらで混ぜてやわらかくもどし、1の半量を加えてむらなく混ぜる。

Memo カスタードクリームは混ぜるほどやわらかくなるので、混ぜすぎに注意しましょう。

残りの生クリームも同様に混ぜ込む。

基本のシャンティークリーム

［泡立て方］

シャンティークリームは、生クリームに砂糖と香りづけの材料を加えて泡立てたもの。十分に冷やして泡立てるのがコツです。

◉材料
（作りやすい分量）
生クリーム* 200g
グラニュー糖 好みで16～20g（生クリームの重さの8～10%）
グランマルニエ（p.92） 4g（生クリームの重さの2%）
＊生クリームの乳脂肪分は絞った形をきれいに保ちたい場合には、40%台。軽さを求める場合には30%台を使う。半量ずつ混ぜて使うこともある。

◉下準備
■生クリームは泡立て用のボウルに入れて冷蔵庫で十分に冷やす。

◉作り方

1

準備した生クリームのボウルを氷水に当て、グラニュー糖とグランマルニエを加えて軽く混ぜてなじませる。
Memo 混ぜて泡立てる間もずっと氷水で冷やし続けます。

2

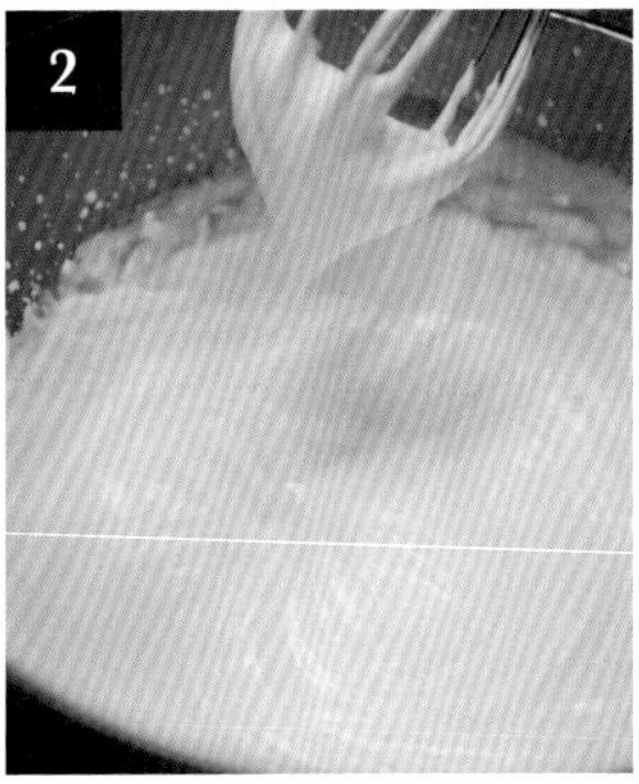

ハンドミキサーで求めるかたさに泡立てる。
Memo タルトのデコレーション用は8～9分立て（ぴんとツノが立つくらい）に。

［絞り方］

絞るときはできるだけ素早く作業します。クリームがダレてきたらいったん冷蔵庫で冷やすとよいでしょう。

◉絞り出し袋への入れ方

絞り出し袋に口金をつけ、筒状の深い容器に落とし込み、袋の端を外側に折り返してクリームを入れる。
Memo クリームは温まるとダレて、ボソボソになるので、絞り出し袋もあらかじめ冷やしておくとよいでしょう。

◉絞り出し袋の持ち方

利き手で絞り出し袋の上側を持ち、握ってクリームを押し出す。逆側の手は指先を口金の少し上あたりに添えて、絞る向きをコントロールする。
Memo 手の温度が伝わらないように、利き手はクリームの端に当て、逆側の手は手のひらで包み込まずに指先を添えます。

タルトのデコレーション例

クリームを様々な形に絞るデコレーションは、お菓子作りの醍醐味のひとつ。口金の選び方と絞り方で、タルトの印象ががらりと変わります。

扇形

使う口金：口径15㎜のサントノーレ口金
いちじくのタルト(p.28)のデコレーション

◉絞り方

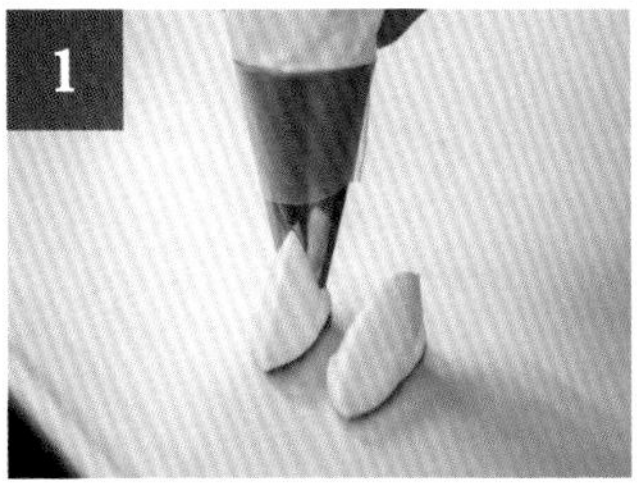

絞り出し袋を絞り出す方向に少しだけ傾けて、口金をバットに直接つけて求める量を絞り出す。

Memo 口金の切れ目は絞りはじめのスタート地点（絞る方向の逆）に向けます。

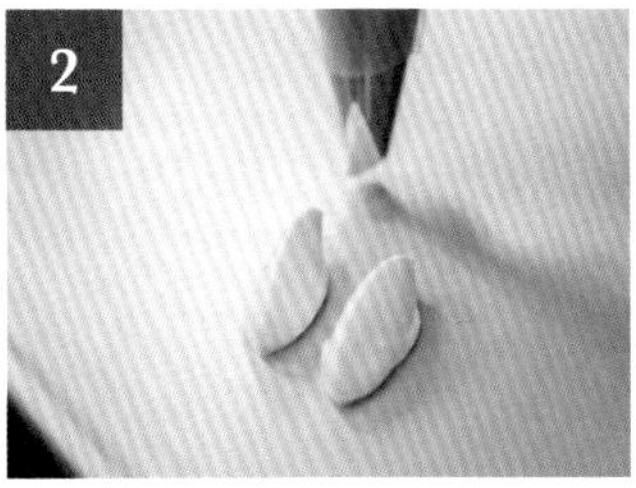

絞る力を抜きながら進行方向にスッと引いてクリームを切る。

1、2のコツをつかんだら、扇形に絞る。少しずつ角度を変え、絞り終わりがぴったり合うように隣に絞り、6回繰り返して扇形にする。

Memo すべてを同じ量、長さにそろえると美しい仕上がりになります。

ドレープ状

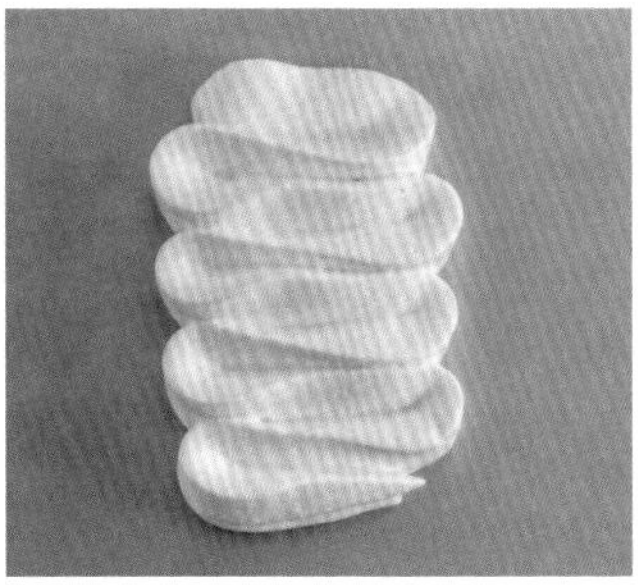

使う口金：口径15㎜のサントノーレ口金
マロンとキャラメルのタルト（p.24）、ぶどうタルト(p.29)のデコレーション

◉絞り方

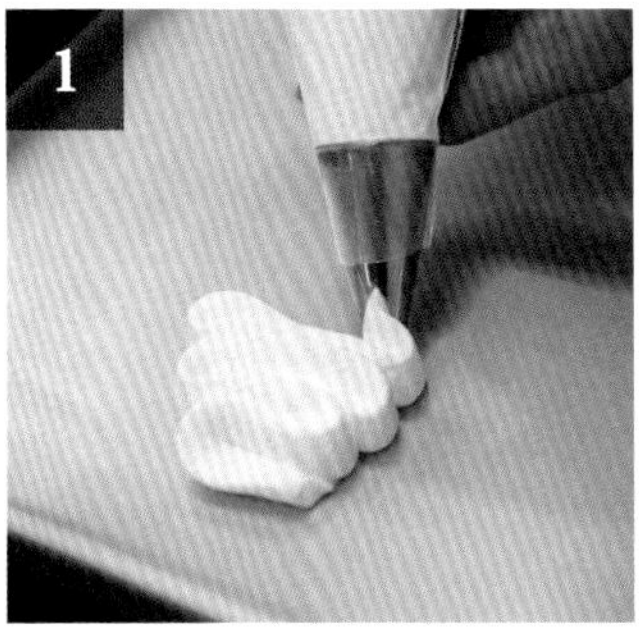

絞り出し袋を自分側に少しだけ傾けて、口金をバットに直接つけて左右に振って往復しながら絞る。

Memo 口金の切れ目は自分の体の反対側に向けます。マロンとキャラメルのタルト(p.24)：最初と最後の振り幅をやや短く、中ほどを広くして全4往復。ぶどうタルト(p.29)：振り幅をかなり短くして2往復。

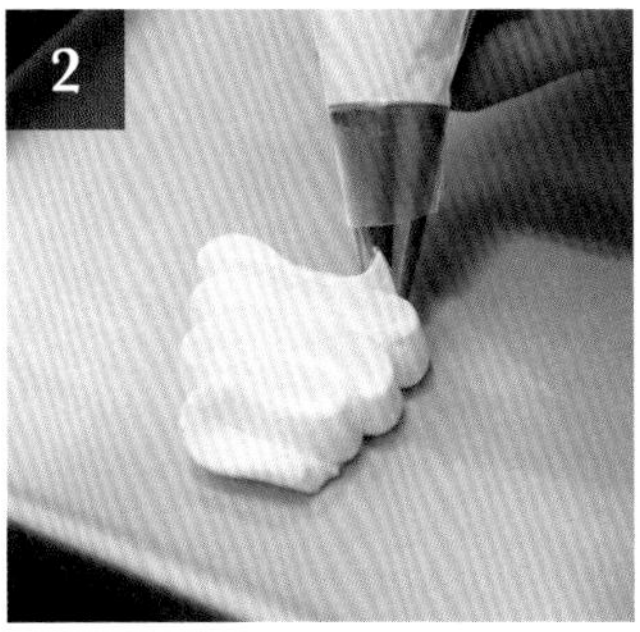

絞り終わりは力を抜きながら口金を横に振ってクリームを切る。

玉ねぎ形

使う口金：15切星口金
レモンタルト（p.26）のデコレーション

◉絞り方

絞り出し袋をほぼ垂直に立て、口金をバットから7～8㎜上に固定して、好みの大きさに絞り出す。

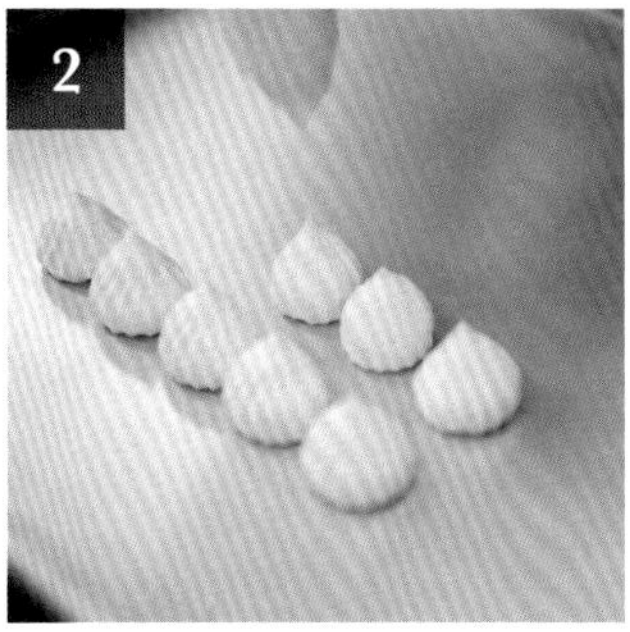

絞る力を抜いて、まっすぐ上に引き上げてクリームを切る。

いちごミルクティータルト

Strawberry Milk Tea Tart

いちごのフレッシュな甘酸っぱさを存分に楽しめるように、高く積み上げるデザインに。生クリームで紅茶を煮出した濃厚なミルクティークリームは、いちごの甘い香りと相性抜群。土台にはいちごジャムとアーモンドクリームを焼き込んで焼き菓子風の味わいに。

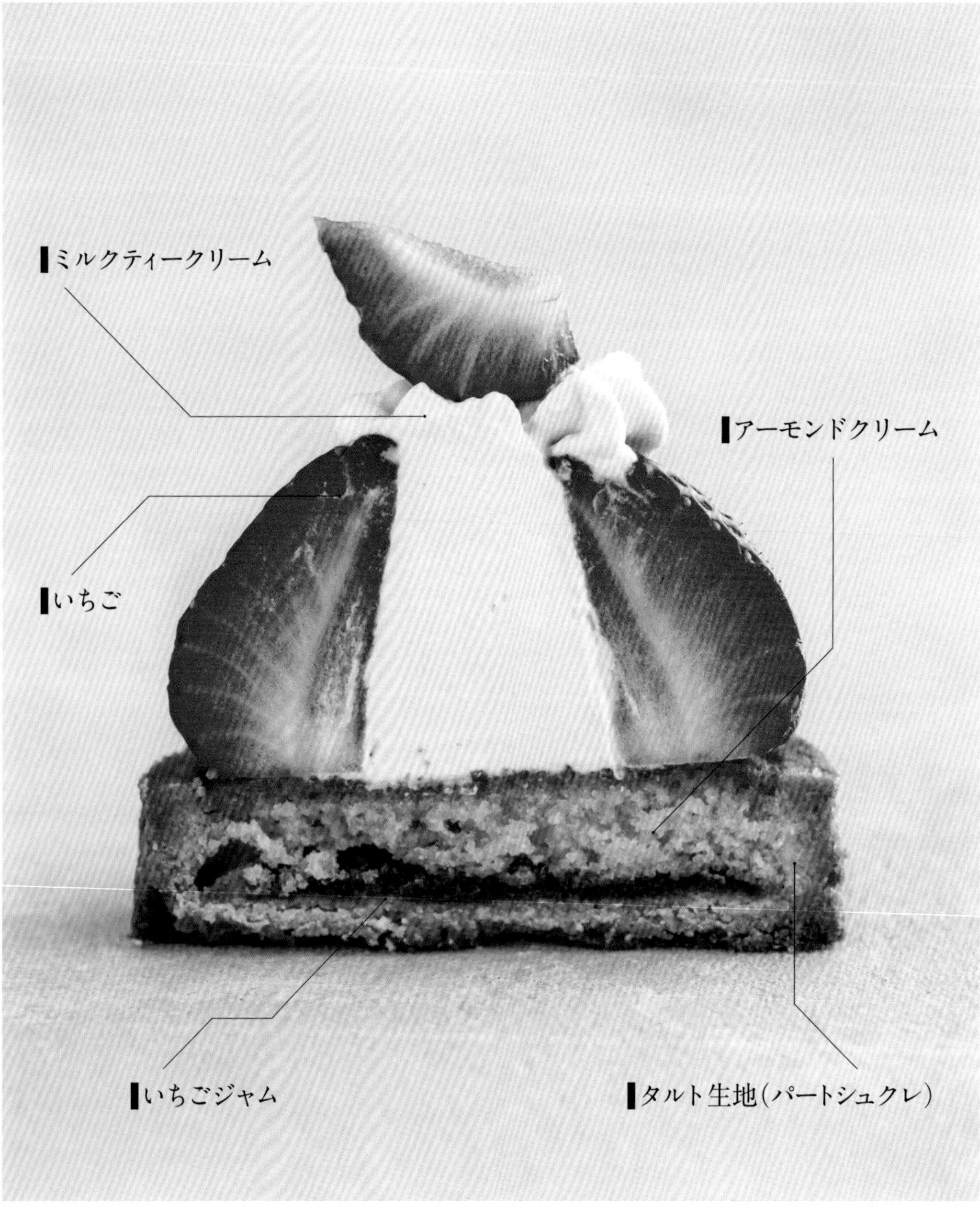

◉材料
（5個分）
いちごジャムとアーモンドクリームを焼き込んだタルト土台[*1]（p.15）　5個
ミルクティークリーム（下記）　全量
いちご　15～20個
粉糖、ピスタチオ　各適量
ミルクティークリーム
- 生クリーム（42%）　110g
- 紅茶葉[*2]　2g
- グラニュー糖　ミルクティーの重さの12%

＊1　底面にいちごジャム小さじ1を広げた上に、アーモンドクリームを8分目まで詰めて焼いたもの。
＊2　ティーバッグが便利。茶葉を使う場合はお茶パックに入れる。

◉下準備
■泡立て用のボウルは冷蔵庫で十分に冷やす。
■ミルクティークリームは口径7㎜の6切星口金をつけた絞り出し袋に入れる。

◉作り方
ミルクティークリームを作る

鍋に生クリームとお茶パックを入れて中火で濃く煮出す。ぐらぐら沸かないような火加減で煮出し、全体が薄茶色になったら火を止めて余熱で濃く抽出する。冷蔵庫で半日おく。お茶パックを除いてミルクティーの重さを量り、その12%量のグラニュー糖を用意する。冷やしたボウルにミルクティーとグラニュー糖を入れ、軽く混ぜてなじませてから、ハンドミキサーでぴんとツノが立つまで泡立てる（泡立て方 p.18）。
Memo 抽出した後は、完全に冷たくします。冷たくないと、うまく泡立てられません。

組み立てる

タルト土台の中心に、ミルクティークリームをらせん状に2周絞る。
Memo 1周目の上に2周目を絞り、2周目をひと回り小さくして円すい状にします。

へたを取って半割りにしたいちごをクリームのまわりに並べる。
Memo へた側を下にして、やや斜め向きにして端を少し重ねて並べます。

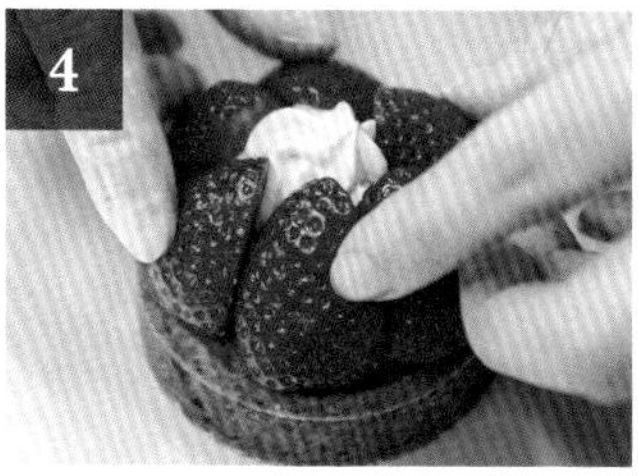

いちごの先端をクリーム側に傾けて、全体に上すぼまりの円すい状に整える。

いちごの上にミルクティークリームを小さく2周絞る。
Memo 1周目は小さく絞り、それを土台にして2周目をひと回り大きめに。

いちごを縦8等分に切ってトップに2切れ飾る。粉糖をふり、みじん切りにしたピスタチオを散らす。

タルトのフルーツバリエーション

Tart Fruit Variation

右から
ぶどうタルト（作り方 p.29）
レモンタルト（作り方 p.26 ～ 27）
いちじくのタルト（作り方 p.28）
マロンとキャラメルのタルト（作り方 p.24 ～ 25）

マロンとキャラメルのタルト

Marron and Caramel Tart

ドレープ状に絞ったクリームはキャラメル味。ほろ苦く焦がしたキャラメルソースで仕立てると、ぐんと大人っぽい味わいになります。タルトカップの中にはマロンピューレで仕立てた濃厚なクリームと栗の渋皮煮を詰め込んで、秋らしさを感じる構成に。

◉材料

(5個分)

タルトカップ(p.14)　5個

チョコのフィヤンティーヌ(p.60)　大さじ2弱

栗の渋皮煮(市販)　7～8個

マロンクリーム(左ページ)　全量

キャラメルクリーム(左ページ)　全量

ヘーゼルナッツキャラメリゼ(p.60)　適量

〈断面図〉

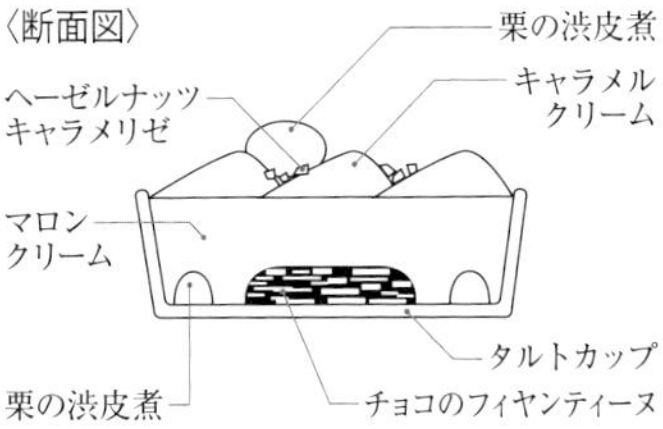

◉作り方

1. タルトカップの底の中央にチョコのフィヤンティーヌ小さじ1を入れる。
2. 栗の渋皮煮は1個を3～4等分に切り、①のまわりに1個分並べる。
3. マロンクリームをパレットナイフやバターナイフで②に詰め、表面をならす。
4. キャラメルクリームを口径15㎜のサントノーレ口金をつけた絞り出し袋に入れ、ドレープ状に絞る(a)(絞り方 p.19)。
5. 半割にした栗の渋皮煮を片隅にのせ、ヘーゼルナッツキャラメリゼを粗く刻んでクリームの上に散らす。

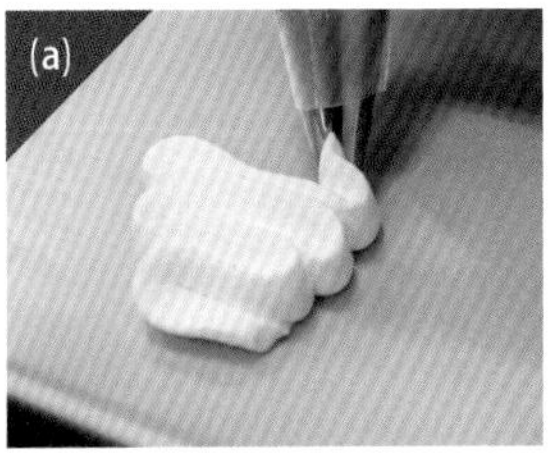

マロンクリーム

◉材料

（タルト約5個分）

マロンクリームベース

- マロンピューレ（無糖。p.92）　110g
- グラニュー糖　28g
- 生クリーム（35%）　25g
- ラム酒　4g

生クリーム（42%）　ベースの重さの25%

◉作り方

マロンクリームベースを作る

鍋にマロンピューレを入れ、ゴムべらで練ってやわらかくする。グラニュー糖を加え混ぜてなじませ、生クリームを加えてむらなく混ぜる。

ラム酒を加えてへらで軽く混ぜて中火にかける。鍋の底や角を絶えずへらでこするように混ぜながら炊く。

Memo　とても焦げやすいので、次の工程まで混ぜる手を止めないように。

砂糖が溶けるといったんさらっとしてきて、次第にぷつっぷつっと沸いてくるが、とろみがつくまで炊く。

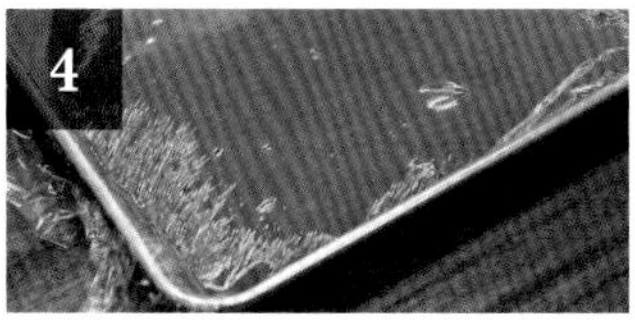

バットに移して薄く広げる。表面にラップをはりつけて粗熱を取り、冷蔵庫で冷やす。

生クリームを混ぜてゆるめる

5　4の重さの25%の生クリームを用意し、ボウルに入れて冷蔵庫で十分に冷やした後、ボウルを氷水に当ててハンドミキサーでぴんとツノが立つまで泡立てる。4と合わせてゴムべらで混ぜ合わせる。

キャラメルクリーム

◉材料

（作りやすい分量／タルト約8～10個分）

キャラメルソース（作りやすい分量）

- グラニュー糖　150g
- 塩　1.5g
- 水　30ml
- 生クリーム（35%）　100g

生クリーム（42%）　200g

グラニュー糖　10g（生クリームの重さの5%）

キャラメルソース　上記から20g

◉下準備

■ソース用の生クリーム100gは常温にもどす。

■生クリーム200gは泡立て用のボウルに入れて冷蔵庫で十分に冷やす。

◉作り方

キャラメルソースを作る

鍋にグラニュー糖、塩、分量の水を入れて強めの中火にかけ、ゴムべらで軽く混ぜた後、茶色に色づくまで触らずに熱し続ける。

いったん火を消して生クリームを4回に分けて加えていく。加えた分を混ぜ込んでから、次の分を加える。

再び火にかけて完全に混ぜ、容器に移して冷ます。

生クリームに加えて泡立てる

冷やしておいた生クリームのボウルを氷水に当て、グラニュー糖を加えて軽く混ぜ、ハンドミキサーで泡立てる。少しとろみが出てきたら、キャラメルソースを分量通りに加えて求めるかたさに泡立てる。

レモンタルト

Lemon Tart

国産レモンが出回る晩秋から初春にかけて作ります。タルトカップの中にはさわやかさがはじけるレモンカードをたっぷり詰めて、表面にはクリームチーズで仕立てた真っ白なクリームをデコレーション。甘さの中に織り重なる2種類の酸味をお楽しみください。

◉材料

(5個分)

タルトカップ(p.14)　5個

レモンカード(左ページ)　全量

チーズクリーム(左ページ)　全量

レモンピール*(市販・5㎜角切り)

15～20個

タイム、粉糖　各適量

＊湯に浸して水気を拭き取ってからカットする。

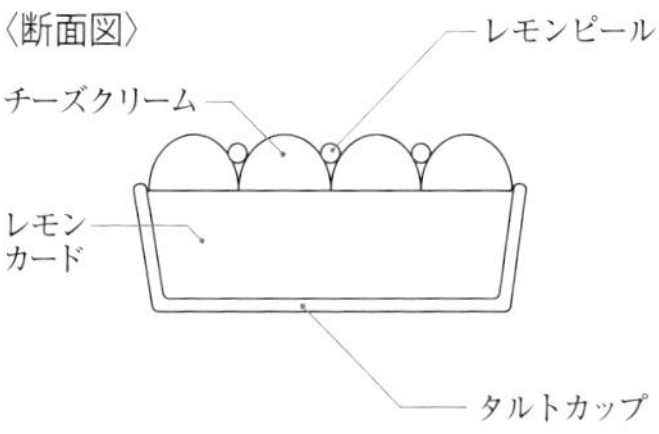

◉作り方

1　タルトカップにレモンカードをバターナイフやパレットナイフで詰め、表面をならす。

2　チーズクリームを15切星口金をつけた絞り出し袋に入れ、玉ねぎ形(a)に、1列目3個、2列目4個、3列目4個、4列目3個に絞る(絞り方 p.19)。

Memo　大きさをそろえ、できるだけすき間ができないように絞るときれいに見えます。

3　レモンピールを3～4個散らしてタイムを飾り、粉糖をふる。

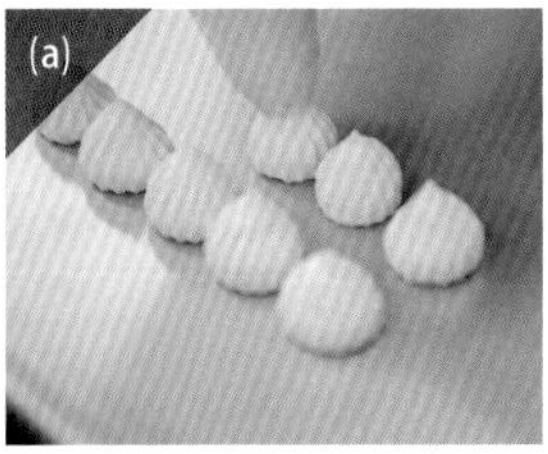

レモンカード

◉ 材料

(作りやすい分量／タルト約10個分)
全卵(溶きほぐす)　55g
卵黄　25g
グラニュー糖　65g
国産レモンの皮(ワックス・農薬不使用)　1/2個分
コーンスターチ　5g
レモン汁*　40g
溶かしバター　40g
＊ 酸味をきかせたい場合は市販の無添加100% レモン果汁を使用。

◉ 下準備

■ 全卵と卵黄は常温にもどす。

◉ 作り方

レモンの皮はすりおろしてグラニュー糖と合わせ、指先ですり合わせてレモンシュガーにする。

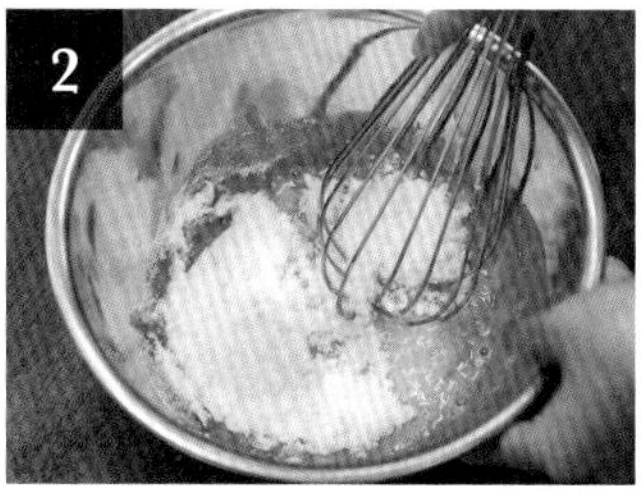

ボウルに全卵と卵黄を入れ、ほぐしてから[1]を加えて泡立て器ですり混ぜる。コーンスターチを加えてむらなく混ぜる。レモン汁、溶かしバターを順に加えてそのつどむらなく混ぜる。

鍋に移して中火にかけ、ゴムべらで鍋の底や角を絶えず混ぜながら加熱する。少しずつかたまりができてくるので、ダマになりそうになったら泡立て器にかえて全体をむらなく混ぜる。へらの跡が残るくらいになったら火を止める。

バットに移して薄く広げる。表面にラップをはりつけて粗熱を取り、冷蔵庫で冷やす。

チーズクリーム

◉ 材料

(作りやすい分量／タルト約7個分)
クリームチーズ　50g
生クリーム(35%)　100g
グラニュー糖　12g (チーズ＋生クリームの重さの8%)
グランマルニエ (p.92) 4.5g (チーズ＋生クリームの重さの3%)

◉ 下準備

■ クリームチーズは常温にもどす。
■ 生クリームは冷蔵庫で十分に冷やす。

◉ 作り方

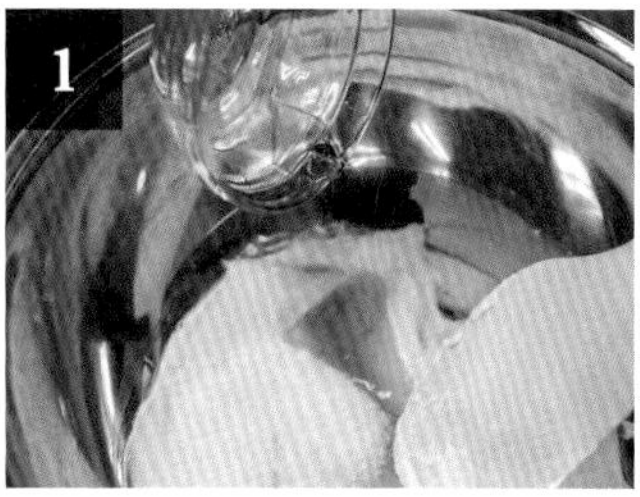

ボウルにクリームチーズを入れゴムべらで練ってやわらかくする。グラニュー糖とグランマルニエを加え、へらで練り混ぜて完全になじませる。

冷やしておいた生クリームを、[1]に加えて軽く混ぜてなじませ、ハンドミキサーでぴんとツノが立つまで泡立てる。

Memo 作りたてを使いましょう。冷蔵庫に入れておくとクリームチーズが固まって絞れなくなります。

Fig Tart

いちじくのタルト

いちじくは色合いが大人っぽくて、味わいが繊細。そのみずみずしさと繊細さを生かすために土台のアーモンドクリームの量を少なめにして、シンプルにプレーンなシャンティークリームで仕上げます。

◉材料

(5個分)

タルト土台*（p.15） 5個

いちじくの赤ワイン煮のジャム（p.59 または市販） 適量

8分立てシャンティークリーム（p.18）

- 生クリーム（35％） 100g
- グラニュー糖 10g
- グランマルニエ（p.92） 2g

いちじく 1～2個

ナパージュ（市販の上がけ用ゼリー、あれば）、ピスタチオ 各適量

＊タルト生地の7分目までアーモンドクリームを詰めて焼いたもの。

〈断面図〉

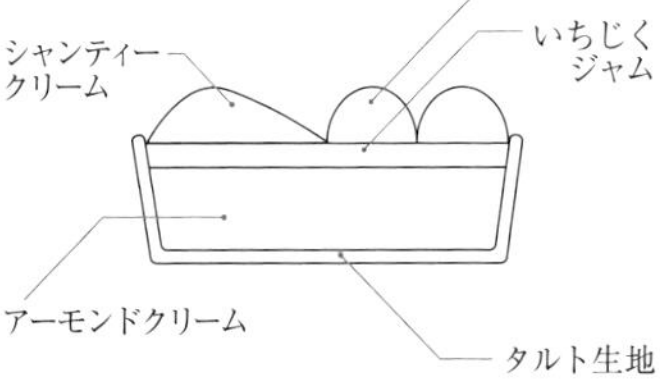

◉下準備

■8分立てシャンティークリームは口径15㎜のサントノーレ口金をつけた絞り出し袋に入れる。

◉作り方

1 タルト土台の上にいちじくの赤ワイン煮のジャムを塗り広げる。

2 8分立てシャンティークリームを1の上に扇形に絞る(a)（絞り方 p.19）。

3 8等分のくし形切りにしたいちじくにナパージュを塗り、あいたスペースに2切れのせる。

4 ピスタチオをみじん切りにしてクリームの上に散らす。

ぶどうタルト

Grape Tart

ぶどうは皮をむくと果汁があふれ出してクリームが水っぽくなってしまうので、皮ごと食べられるものを使いましょう。カスタードクリームと生クリームのコンビネーションで仕立てます。

◉材料

(5個分)

タルト土台(p.15)　5個

ディプロマットクリーム(p.17)

- カスタードクリーム　50g
- 生クリーム(42%)　25g

シャインマスカット　5粒

ナガノパープル　7粒

8分立てシャンティークリーム(p.18)

- 生クリーム(35%)　100g
- グラニュー糖　10g
- グランマルニエ(p.92)　2g

ナパージュ（市販の上がけ用ゼリー、あれば)、タイム、粉糖　各適量

〈断面図〉

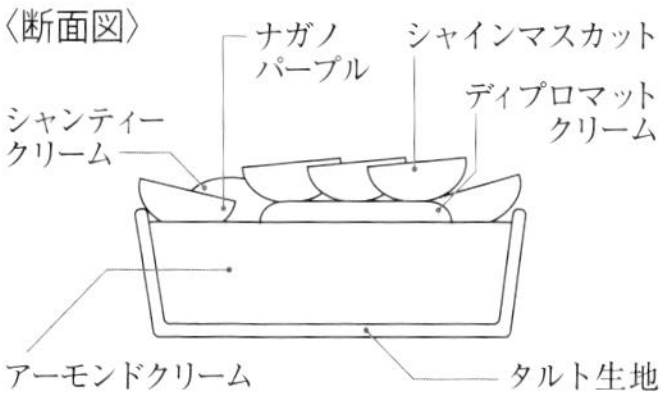

◉下準備

■8分立てシャンティークリームは口径15㎜のサントノーレ口金をつけた絞り出し袋に入れる。

◉作り方

1　タルト土台の中央にディプロマットクリームをのせ、縁から1㎝ほど内側にのせる。

2　1の端に8分立てシャンティークリームを小さなドレープ状に絞る(絞り方 p.19)。

3　シャインマスカットとナガノパープルは1粒をそれぞれ縦4等分に切り、まわりにナガノパープルを5切れ、その内側にシャインマスカットを4切れ並べる。

Memo　どちらも皮を下に向け、ナガノパープルはタルトの縁からほんの少しはみ出すくらいに並べるときれいに見えます。

4　ぶどうの切り口にナパージュを塗り、タイムを飾り、粉糖をふる。

チーズケーキ

Cheesecake

チーズケーキには、忘れられない思い出があります。

母が唯一作るお菓子がチーズケーキでした。それがあまりにおいしかったから、あの味になるようにと何度も試作を重ねました。でも、しばらくして気づきました。思い出の中のおいしさには決して敵わないのだと。そんな経験を経て生まれたのが、私流のこのケーキです。

目指したのは、とにかくシンプルであること。そして、ドリップコーヒーによく合うこと。湯煎せずに直に焼くベイクドタイプですが、一般的なものよりもしっとりとした口あたりです。中心部に水分が少し残るように焼き上げて、一日ねかせてその水分を全体にしっとりとなじませます。あえてたとえるなら、ニューヨークチーズケーキの食感に近いと思います。

味の決め手はクリームチーズにあります。かなりの量を使うので、チーズの選び方が仕上がりの味を左右します。クリームチーズには酸味の強いものとやさしいもの、ミルクのこくのあるものとさっぱりとしたものなど、商品ごとに個性があるので、食べくらべして選んでみてはいかがでしょう。この濃厚なケーキには、酸味がしっかりあって味にメリハリのあるタイプが向いています。

チーズケーキ

◉材料

(直径18cm・高さ6cmのケーキ型1台分)

クリームチーズ　375g
サワークリーム　105g
生クリーム(35%)　120g
全卵(溶きほぐす)　150g
グラニュー糖　97g
バニラビーンズ*　約小さじ1/3
コーンスターチ　15g
バタースコッチ(p.92)　2.5g
レモン汁　3.5g

*バニラのさやをペティナイフで半分に裂き、刃先で中の種子をこそげ出したもの。

◉下準備

■クリームチーズ、サワークリーム、生クリーム、全卵は常温にもどす。
■コーンスターチはふるう。
■オーブンは180℃に予熱する。
■グラニュー糖とバニラビーンズを合わせ、指先ですり合わせて香りをなじませてバニラシュガーにする(a)。
■型にベーキングシートを敷く。側面用は、円周よりも2cmほど長く、型の高さよりも4cmほど幅の広い帯状に切り、片側に1cm間隔に1cm長さの切り込みを入れる。切った部分を直角に折り、折った部分を底面につけて、ぐるりと側面にはりつける(b)。底用は、底面と同じ大きさの円に切り抜いて敷く。

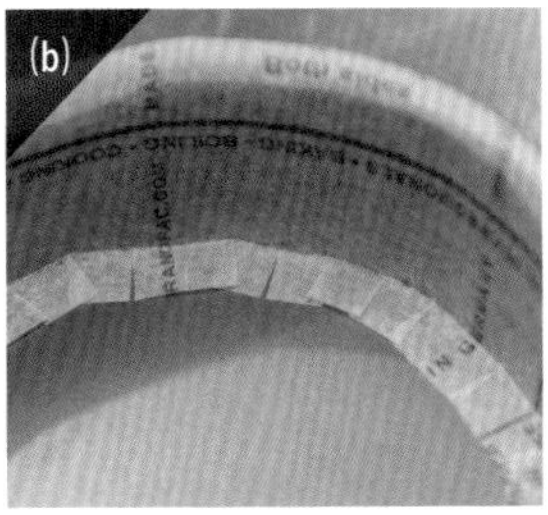

◉作り方

ボウルにクリームチーズを入れてゴムべらで練ってやわらかくし、準備したバニラシュガーを加えて完全になじむまで練り混ぜる。

サワークリームもへらでやわらかくしてから1に加え、むらなく練り混ぜる。

コーンスターチを加え、へらの面を押しつけてしっかりと練り込む。

Memo ダマにならないようにていねいに混ぜましょう。

全卵を3回に分けて加え、そのつど泡立て器で完全に混ぜ込んでから次の分を加える。

Memo 泡立て器を立てて先端をボウルにつけてぐるぐると動かし、空気を入れずに混ぜましょう。

生クリームを加えて4と同じ混ぜ方で混ぜ込む。

バタースコッチとレモン汁を合わせて5に加え、同じように混ぜる。

目の細かい漉し器で漉す。

準備した型に流し入れ、ゴムべらで軽く混ぜてから、布巾を敷いた台に型をトントンと数回落とす。

Memo 生地に衝撃を与えて大きな気泡をつぶします。

天板にのせて180℃のオーブンで20分焼き、天板の向きを変えて160℃で25分ほど焼く。

表面がきれいに色づいたら焼き上がり。型のままケーキクーラーにのせて冷ました後、冷蔵庫で半日ねかせる。型から出してシートをはがし、直火で軽く温めたナイフで好みの大きさに切り分ける。

Memo ねかせることで材料どうしの味が一体化して味が深まります。

クリームチーズの種類と使い分け方

私の店では3種類のクリームチーズを使い分けています。このチーズケーキには酸味が立ってメリハリのきいたよつ葉乳業のクリームチーズを、レアチーズケーキ(p.88)には酸味が控え目で穏やかな北海道乳業のリュクスを、バスク風チーズケーキ(p.50)にはミルキーなこくがあって濃厚なデンマーク産のブコを使っています。どんなタイプを使うかで、ケーキの味はかなり変わります。好みのものを探してみましょう。

ベイクドタイプに使用しているよつ葉乳業のクリームチーズ

レアチーズケーキには北海道乳業のリュクスを使用

ほうじ茶のテリーヌショコラ

Roasted Tea Terrine Chocolate

カカオの濃厚な味にほうじ茶の香ばしい香りが重なります。ほうじ茶は深煎りタイプを、チョコレートはダークだけではお茶の香りが隠れてしまうので、ホワイトを多めに混ぜるのがポイント。良質な製菓用クーベルチュールを使うとワンランク上の味わいに。

◉材料

(30×8×高さ5.5cmの角足つきトヨ型1台分)

ダークチョコレート*（カカオ分70%） 120g
ホワイトチョコレート*　300g
バター　200g
全卵（溶きほぐす）　330g
グラニュー糖　80g
ほうじ茶パウダー（p.92）　20g
コーンスターチ　20g
生クリーム（35%）　160g
ピスタチオ（みじん切り）　適量

*ヴァローナの「グアナラ」と「イボワール」を使用。

◉下準備

- 全卵は室温にもどす。
- ほうじ茶パウダーとコーンスターチはそれぞれふるう。
- チョコレートは2種類とも刻む。
- 型にベーキングシートを敷く。
- オーブンは160℃に予熱する。

◉作り方

1　ボウルに刻んだ2種のチョコレートとバターを入れて湯煎で溶かし、泡立て器でよく混ぜて乳化させる。

2　グラニュー糖を加え、泡立て器で完全になじむまで混ぜ合わせる。

Memo 泡立て器を立てて持ち、先をボウルにつけて混ぜて空気を入れないようにしましょう。

3　ほうじ茶パウダーとコーンスターチを加えて2と同じ要領で混ぜる。

Memo 最終的にかなりゆるい生地になるので、ダマを防ぐために卵を入れる前に粉類を混ぜておきます。

4　全卵を3回に分けて加え、そのつどていねいに混ぜて乳化させる。

5　生クリームを3回に分けて加え、4と同じように混ぜる。

6　目の細かい漉し器で漉し、準備した型に流す。布巾を敷いた台に型をトントンと数回落とす。

Memo 生地に衝撃を与えて大きな気泡をつぶします。

7　布巾を敷いたバットに型をのせ、バットに50～60℃の湯を生地の高さまではる。

8　天板にのせ、160℃のオーブンで50分ほど湯煎焼きにする。

Memo 焼き上がりの目安は、まわりは焼き固まっていても真ん中はぷるんとゆれるくらい。半量の生地をパウンド型で焼くなら、焼き時間は35～40分。

9　型のままケーキクーラーにのせて冷ました後、冷蔵庫で半日ねかせる。

10　型から出してシートをはがし、直火で軽く温めたナイフで好みの大きさに切り分ける。ピスタチオを散らす。

プリン

Custard Pudding

プリンほど、みんなに愛され親しまれているお菓子はないのではないでしょうか。シンプルながらもいろんなタイプがあり、びん入りのトロトロもあれば、生クリームたっぷりの濃厚でどっしりしたタイプもあり、スーパーで買えるあっさり系も私は結構好きです。

自分の店で出すのなら、さてどんなタイプがいいのかしらと悩みました。結局、やわらかすぎずかたすぎず、濃厚すぎずさっぱりしすぎずの中間をとり（ほんの少しさっぱり寄り）、キャラメルを少し強めにほろ苦く焦がすことにしました。味の面では、言わなければ気づかないくらいの隠し味としてブランデーを混ぜています。これがラム酒だと主張が強くて目立ってしまいますが、ブランデーのぶどう由来の甘やかな香りなら、卵液にすんなりとなじんで卵臭さを消してくれます。

湯煎焼きの火通しには、毎回気をつかいます。オーブンの温度や焼き時間のわずかな差で仕上がりが変わるからです。温度が高すぎるとスが入り、火通しが足りないと固まらず、また庫内の温度むらもプリンには大敵です。途中で天板の向きを変えたり、型の場所を入れ替えたり、微調整が必要な場合もあります。

プリン

◉材料

（容量150mlのプリン型6個分）

プリン液

- 全卵（溶きほぐす）　220g
- 卵黄　60g
- 牛乳　500g
- 生クリーム（42%）　50g
- ブランデー　15g
- バニラビーンズ　1/2本
- グラニュー糖　110g

キャラメル

- グラニュー糖　60g
- 水　20ml

◉下準備

■バニラビーンズはナイフで半分に裂き、刃先で種子をこそげ出す。種子とグラニュー糖を合わせ、指先ですり合わせてなじませてバニラシュガーにする（さやはとっておく）。

■オーブンは150℃に予熱する。

◉作り方

キャラメルを作る

1

鍋にグラニュー糖と分量の水を入れて強めの中火にかける。徐々に茶色に色づいてくる。

2

煙が立って、濃い茶色に色づいたらいったん火を止める。少量の水（分量外）を加えて温度が上がるのを止め、鍋をゆすって全体になじませる。

Memo キャラメルはとても熱くなっているので、跳ねて火傷しないように注意しましょう。

3

すぐに型に流し分ける。

Memo キャラメルは何度にも分けて注がず、一度で注ぎ切りましょう。何度かに分けると時間差による質感の差が出てきれいに仕上がりません。また、キャラメルが型の底全体に広がっていなくても大丈夫。焼いている間にキャラメルは自然に溶け広がります。

プリン液を作る

4

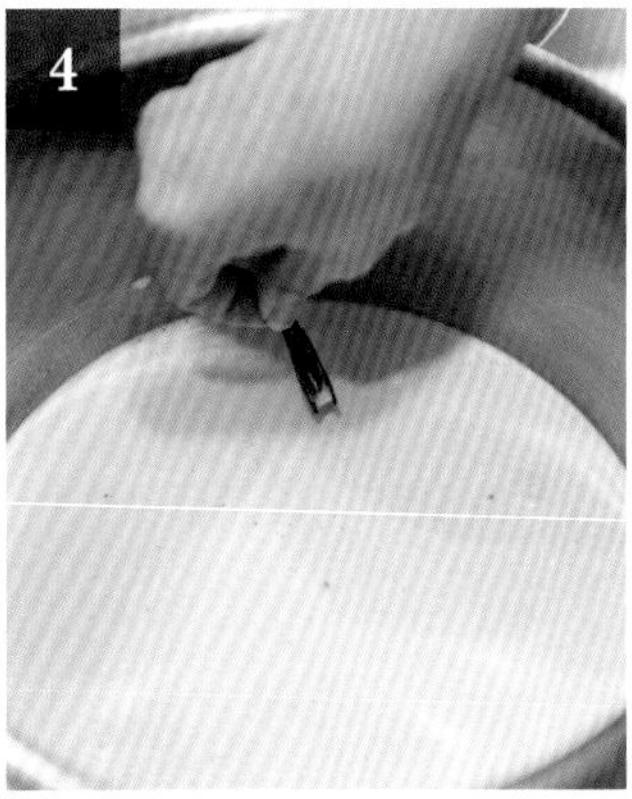

鍋に牛乳、生クリーム、ブランデー、バニラのさやを入れ、中火にかけて50℃くらいに温める。

Memo 熱しすぎると牛乳の膜ができてしまうので注意。

5

ボウルに全卵、卵黄、準備したバニラシュガーを入れ、泡立て器ですり混ぜる。

Memo 空気が入らないように泡立て器を立てて持ち、先をボウルにつけたまま混ぜます。

6

[5]に[4]の半量を加え、[5]と同じ要領で泡立たないように混ぜる。

完全に混ざったら、残りの[4]を加えて同じように混ぜる。

目の細かい漉し器で2回漉し、冷蔵庫で半日ねかせる。

Memo 十分に時間をおくことで、液内の気泡がなくなり、バニラの香りが全体になじみます。

湯煎焼きにする

布巾を敷いたバットに[3]のカップを並べ、[8]を流し入れる。

表面に気泡が浮いているときは、霧を吹いて消す。

バットに50℃くらいの湯をプリン液の8分目まではり、型の上にシルパットやアルミホイルをかぶせる。バットを天板にのせ、150℃のオーブンで70分ほど湯煎焼きにする。

Memo シルパット(p.93)やアルミホイルをかぶせることで、プリン液の表面に当たる熱をやわらげます。

指に水をつけて表面の中心に触れて、何もついてこなければ焼き上がり。湯から出して粗熱を取り、冷蔵庫で半日冷やす。

Memo または型を台に打ちつけて、プリンの表面全体がぷるんとゆれるくらいが焼き上がりの目安。

取り出すときは、刃先の細いパレットナイフやペティナイフをカップとプリンの境目に差し入れ、型をぐるりと1周回す。

カップに器をかぶせて逆さにし、左右に3～4回強く振ってプリンを皿に落とす。型を静かに持ち上げる。

桃のコンポートゼリー

Peach Compote Jelly

暑い季節に食べたくなるのが、果汁たっぷりのみずみずしい果物と、ひんやりぷるんとして口溶けのよいゼリー。このふたつを組み合わせて、涼しげなグラスデザートに仕立てました。

おいしさの鍵は、ゼリーと中に入れる果物のバランスにあります。果物をたっぷり入れたいところですが、多すぎるとゼリーの心地よい口溶けも繊細な味も感じにくくなってしまいます。果物の量をほどほどにおさえても満足感を高めるコツは、ごろっと大きめに切ること。大きなかたまりをかむことで果汁があふれ出し、ゼリーのおいしさが増します。

果物の使い方でもうひとつ注意したいのは、変色です。桃のように皮をむくと茶色くなってしまうものは、生では使わず、コンポートにしてから使います。変色をおさえるだけでなく、リキュールでほのかに香りづけすることもでき、さらには果物の味が溶け出した風味豊かな煮汁をゼリー液に利用できます。ゼリーのやわらかさはゼラチンのパッケージに記された目安量を参考に、ぷるぷる、ゆるゆるなどお好みに調節してください。上にのせたクリームも大切な要素です。果物の味とあいまってショートケーキのような食べ心地になるのです。

桃のコンポートゼリー

◉材料

（容量200mlのグラス4個分）

桃のコンポート（作りやすい分量）

- 桃　2個
- 水　600ml
- グラニュー糖　165g
- グランマルニエ（p.92）　18g
- レモン汁　25g

ゼリー液

- 桃のコンポートのシロップ　上記から400g
- 板ゼラチン　6g（シロップの重さの1.5%）

組み立て用

- 桃のコンポート　上記から12～16切れ
- 8分立てシャンティークリーム*　100g
- ローストアーモンド　適量

*生クリーム（42%）に3%量のグラニュー糖と3%量のグランマルニエを加えて泡立てたもの（泡立て方 p.18）。

◉下準備

■板ゼラチンは氷水につけてふやかす。

※常温の水を使うとゼラチンが溶けはじめてしまいます。

■桃は洗い、皮の表面のうぶ毛を布巾やキッチンペーパーでやさしくこすり取る。皮つきのまま6等分のくし形切りにし、種のまわりのもろもろとした果肉は取り除く（種は色出し用に使うのでとっておく）。

◉作り方

桃のコンポートを作る

1

鍋に分量の水、グラニュー糖、グランマルニエ、レモン汁を入れて中火にかける。混ぜてグラニュー糖を溶かし、沸騰させてアルコール分を飛ばす。

Memo 砂糖が完全に溶けるとシロップが透き通ります。

2

桃と種を加える。紙の落としぶたをして中火で15～20分煮る。

3

火が通るにつれて皮がめくれてくる。実の中心まできちんと火を通す。

Memo 完全に火を通すと変色しなくなります。

4

火から下ろして粗熱を取り、種を取り除いて皮をむく。

Memo すぐにゼリーを作らないときは、シロップごと容器に移して冷蔵庫で冷やします。2週間以内に使い切りましょう。ゼリーの他、桃とフランボワーズのシュー（p.74）に使ったり、アイスクリームに添えたりするのもおすすめ。

ゼリー液を作る

5

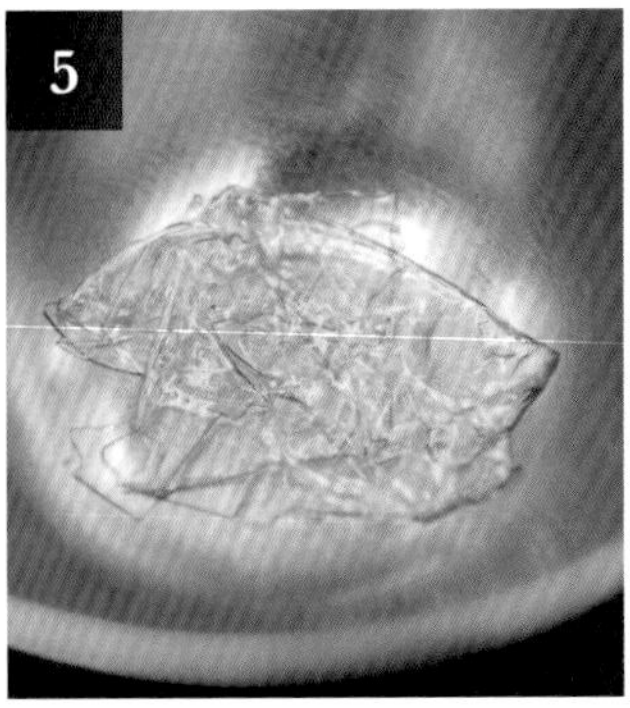

ふやかした板ゼラチンの水気を絞る。

Memo 水気をしっかり絞らないとゼリー液が薄まってしまいます。

6

コンポートのシロップを必要量だけ鍋に入れ、中火にかけて60℃に熱し、火を止めてゼラチンを加える。ゴムべらで混ぜて溶かす。

7

ゼラチンが溶けたら、鍋を氷水に当てて冷やしながら、とろみがつくまで混ぜる。

組み立てる

8

桃のコンポートの汁気を切り、グラスに3～4切れずつ入れる。ゼリー液をグラスの8分目まで流し入れ、桃の位置を片寄りなく整えて、冷蔵庫で冷やし固める。

9

食べる直前に表面に8分立てシャンティークリームをのせる。パレットナイフをグラスの縁に沿わせてすべらせ、余分なクリームを取る。粗く刻んだローストアーモンドを飾る。

◎澄んだゼリーを作るには？

ゼリーは場合によって、クリアーに澄まずに曇りガラスのように白っぽく濁ることがあります。ゼリーの材料に含まれるタンニンやカフェインがゼラチンの成分に反応することが原因のひとつとされています。ただし濁っても味には影響しません。ぶどうはタンニンを含むため、p.44のように皮ごと食べられる品種を使い、ゼラチンと一緒に加熱せずに生のまま使うと濁りをおさえられます。

◎粉ゼラチンで代用してもOK

板ゼラチンのかわりに粉ゼラチンを使う場合は、板ゼラチンと同量で置き換えて、5倍量の冷水（シロップの水分量から差し引かない）でふやかしてから加えてください。その際、冷水に粉を振り入れるとダマになりません。

◎ゼラチン、寒天、アガーの特徴

ゼラチンは豚などの動物のコラーゲンが原料。ぷるんとした弾力感があり、口の中で徐々に溶けていきます。冷蔵庫で冷やさないと固まらず、夏季など暑い時期には室温におくだけで溶けはじめます。
寒天は海藻類が原料。どっしりとした固まり方でゼリーよりコシがあります。常温で固まり、室温においても溶けません。
アガーも海藻類が原料。弾力感、口あたりともにとても繊細で軽やか。常温で固まり、室温においても溶けません。

シャインマスカットのゼリー

Shine Muscat Jelly

ジューシーで皮までおいしいシャインマスカットを包み込むのは、ジャスミンとオレンジの2種類のリキュールでうっすらと香りづけしたエキゾチックなゼリー。ゼリーの繊細な香りを生かすために、上にのせるクリームは甘さ控え目に。

◉材料

（容量220mlのグラス4個分）

シロップ

- 水　600ml
- グラニュー糖　165g
- レモン汁　30g
- ジャスミンリキュール（p.92）　10g
- グランマルニエ（p.92）　12g

ゼリー液

- シロップ　上記から600g
- 板ゼラチン　12g（シロップの重さの2%）

組み立て用

- シャインマスカット　16～20粒
- 8分立てシャンティークリーム＊　100g
- ローストアーモンド　適量

＊生クリーム（42%）に5%量のグラニュー糖、3%量のグランマルニエを加えて泡立てたもの（泡立て方 p.18）。

◉下準備

■板ゼラチンは氷水につけてふやかす。

※常温の水を使うとゼラチンが溶けはじめてしまいます。

◉作り方

シロップを作る

1　鍋に材料をすべて入れて中火にかけて軽くひと混ぜし、グラニュー糖を完全に溶かして、沸騰させてアルコール分を飛ばす。

ゼリー液を作る

2　ふやかした板ゼラチンの水気を絞る。

Memo 水気をしっかり絞らないとゼリー液が薄まってしまいます。

3　シロップを必要量だけボウルに移してゼラチンを加え、ゴムべらで混ぜて溶かす。

Memo ゼラチンは60℃以上で溶けます。ただし、沸騰したシロップだと固まらない場合があるので注意しましょう。

4　ゼラチンが溶けたら、ボウルを氷水に当てて冷やしながら、とろみがつくまで混ぜる。

組み立てる

5　シャインマスカットはなり口の部分を多めに切り落とし、縦に2等分してグラスに分け入れる。

Memo なり口の穴の部分から変色するので、よく切れる包丁できれいに切り落とします。

6　ゼリー液をグラスの8分目まで流し入れ、シャインマスカットの位置を片寄りなく整えて、冷蔵庫で冷やし固める。

7　食べる直前に表面に8分立てシャンティークリームをのせ、パレットナイフをグラスの縁に沿わせてすべらせ、余分なクリームを取る。

8　粗く刻んだローストアーモンドを飾る。

茶室 小雨について

カフェをやっていて、コーヒーは飲めないけれどカフェの雰囲気が好きな人が多いと気づきました。「茶室 小雨」は、そんな人たちに向けたお茶を楽しむ場所です。

お茶の種類は、紅茶、台湾や中国のお茶、緑茶や玄米茶など日本のお茶、ハーブティー、フレーバーティーなど。国内外のいくつものお茶屋さんからセレクトし、正面の棚のガラスびんに納めてあります。

お店の看板ともいえるのが、ジャスミンとセイロンの二種類のミルクティー。

一般的なミルクティーとは少し違っているので、最初は「あれ？ 濃厚さが足りない？」と思うかもしれませんが、ていねいにじっくりと茶葉を煮出していて、やさしくて飲みやすく、飽きのこない味わいです。

その他にも、シナモンがきいたお茶、バニラの甘い香りのお茶、緑茶ベースのハーブティーなど、特徴のあるものからおなじみのダージリンやアールグレイに至るまで、どなたでもお好きなものが見つかるように幅広く取りそろえ、すべてポットでサーブしています。

その日の気分に合わせて選んだり、いろいろ試して好きな味を見つけていったり、様々な楽しみ方ができます。

そんなお茶といっしょに楽しんでいただきたいのが、バスク風チーズケーキやビクトリアケーキなどのお菓子。

お茶とお菓子のペアリングはお好み次第ですが、すっきりと味わいたいときには緑茶ベースを、芳醇な味を楽しみたいときには紅茶ベースのお茶を選んでみてはいかがでしょう。なかでも、アールグレイとダージリンは万能で、どんなお菓子にも合います。

白い壁と外光の入る大きな窓、座り心地のよい深緑色の椅子、繊細で地模様の美しい、アンティークの白いティーセット。

ゆったりとして静かな空間は、一人の時間を大切に過ごすのにぴったりの場所です。

茶室 小雨
東京都台東区蔵前4-14-11ウグイスビル103
11:00～18:00（L.O.17:30）
定休日　月・火曜日（不定休あり）
インスタグラム　@cosame_4204
※営業時間、定休日など最新情報はインスタグラムをご確認ください。

［本書掲載の茶室 小雨のお菓子］
バスク風チーズケーキ（p.50）／
ビクトリアケーキ（p.52）

バスク風チーズケーキ

Basque-style Cheesecake

高温・短時間で焼き上げるから、表面はキャラメルのように香ばしく、中心にいくにつれてプリンのようになめらかな口あたりに。ひと切れの中にいろんな味や食感のグラデーションができるのが魅力です。パルメザンチーズの塩気が隠し味。

◉材料
(直径15cm・高さ6cmのケーキ型1台分)

クリームチーズ　300g

グラニュー糖　90g

薄力粉　15g

パルメザンチーズ(粉)　15g

全卵(溶きほぐす)　170g

生クリーム(42%)　200g

◉下準備
■クリームチーズ、全卵、生クリームは常温にもどす。

■薄力粉、パルメザンチーズはそれぞれふるう。

■p.32の下準備と同じように型にベーキングシートを敷く。

■オーブンは250℃に予熱する。

◉作り方
1　ボウルにクリームチーズを入れてゴムべらで練ってやわらかくする。

2　グラニュー糖を加え、泡立て器で完全になじむまで混ぜ合わせる。

3　薄力粉、パルメザンチーズを順に加え、そのつど粉が見えなくなるまで混ぜる。

Memo 最終的にかなりゆるい生地になるので、早めの段階で粉類を合わせてダマを防ぎます。

4　全卵を3回に分けて加えていく。加えた分を完全になじませてから次の分を加えること。

5　生クリームを2回に分けて加え、そのつどむらなく混ぜる。

6　準備した型に流し入れ、250℃のオーブンで22分ほど焼く。

Memo 焼き上がりの目安は表面がドーム型にふっくらと膨らんで、濃いめの香ばしい焼き色がつくくらい。表面は焼けていても、中心は焼き切らずにぷるぷるに仕上げます。

7　型のままケーキクーラーにのせて冷まし、冷蔵庫で半日ねかせる。

Memo 冷めるにつれて中央がしぼんでへこみます。

8　型から出してシートをはがし、直火で軽く温めたナイフで好みの大きさに切り分ける。

Memo このケーキは水分が出やすく日持ちしません。早めに食べ切りましょう。

ビクトリアケーキ

Victoria Sandwich

ビクトリアケーキはイギリスの家庭で昔から手作りされている、ティータイムに楽しむケーキ。生地は一見、スポンジケーキのように見えますが、パウンドケーキの食感に近く、しっとり、どっしりとして適度に歯ごたえがあります。

このケーキをおすすめしたい理由のひとつは、気構えずに普段着感覚で作れるところ。卵とバターを分離させないことにだけ注意すれば、あとは材料を次々に混ぜていくだけ。ビギナーでも失敗なく作れます。発酵バターを使うと生地の風味にこくと深みが加わり、いっそうおいしく仕上がります。

間にはさんだバタークリームは、ラム酒で香りづけしました。バタークリームは脂肪分が高く、どうしても重くなりがちですが、ラム酒のようなアルコール度数の高いお酒をひとふりするだけで、甘やかな香りが重さと乳臭さを消してくれます。さらに甘酸っぱいジャムをいっしょにはさむことで、クリームのキレがよくなります。ここではベリーの自家製ジャムを使いましたが、市販のジャムでもよいでしょう。酸味と香りがあり、バターと相性がよいものなら種類は問いません。

ビクトリアケーキには紅茶がこの上なく合います。ポットにたっぷり紅茶を淹れて、のんびりゆったりティータイムを楽しみましょう。

ビクトリアケーキ（生地を作る／バタークリームを作る／組み立てる）

◉材料

（直径15㎝・高さ6㎝のケーキ型1台分）

発酵バター　110g
グラニュー糖　130g
全卵（溶きほぐす）　130g
薄力粉　130g
ベーキングパウダー　2g
牛乳　20g

バタークリーム　以下から60gを使用

- バター　50g
- 粉糖　20g（バターの重さの40％）
- ラム酒　少々

組み立て用

- 赤い実のジャム（p.59）　約50g
- 粉糖　適量

◉下準備

■発酵バター、全卵、バターは常温にもどす。
■牛乳は人肌に温める。
■p.32の下準備と同じように型にベーキングシートを敷く。
■オーブンは180℃に予熱する。

◉作り方

生地を作る

1

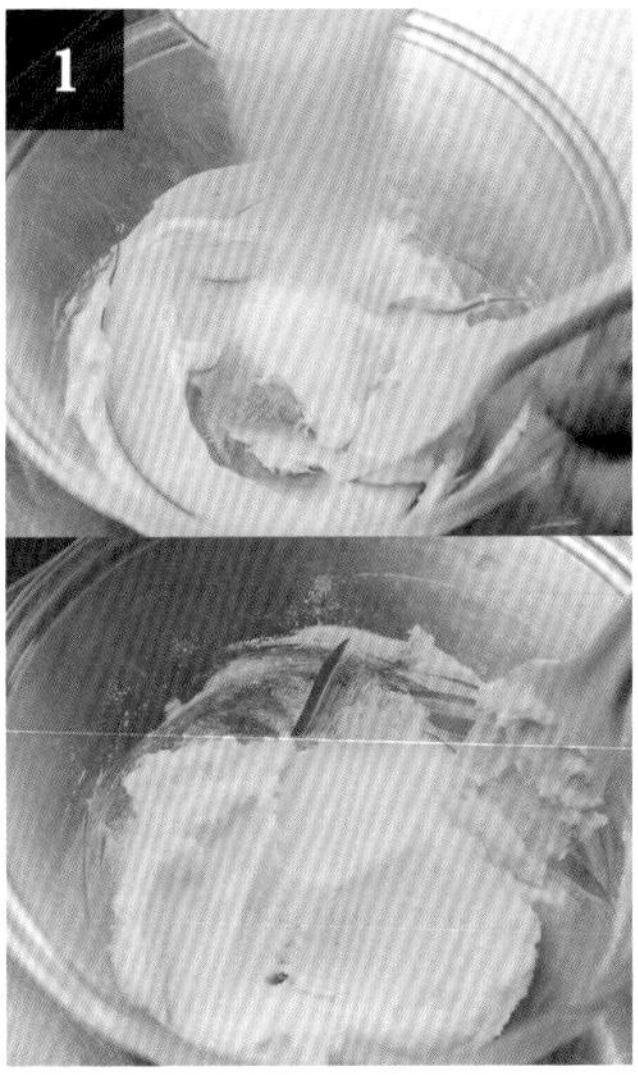

ボウルに発酵バターを入れ、ゴムべらで練ってやわらかくしてからグラニュー糖を加える。練り混ぜて完全になじませる。

2

ハンドミキサーで白っぽくなるまで泡立てる。

Memo グラニュー糖のざらざらした感触がなくなるまで十分に泡立てます。

3

全卵を4回に分けて加え、そのつど泡立てて完全になじませる。3回目の全卵を加えたあたりでバターと卵が分離しはじめるので、薄力粉とベーキングパウダーを合わせて大さじ1弱ふるい入れてつなぎ、4回目も同様にする。

4

残りの薄力粉とベーキングパウダーをふるい入れる。へらで切るように混ぜる。粉気が少し残っている段階で、準備した牛乳を加え混ぜる。

5

粉気がなくなって、つやが出たら混ぜ上がり。

6

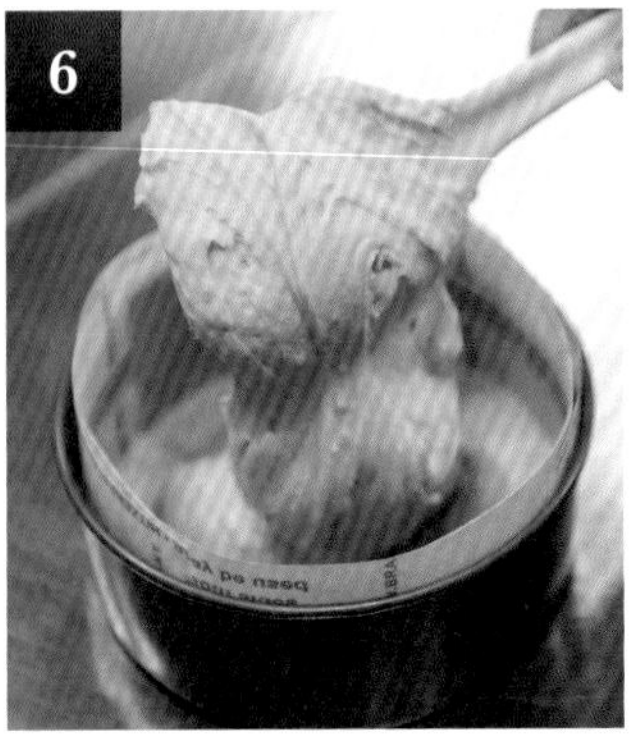

準備した型に生地を入れる。

7

へらを立てて底まで何度か差し入れて、型の隅々まで生地をゆきわたらせる。布巾を敷いた台に型をトントンと数回落とし、生地に衝撃を与えて大きな気泡をつぶす。

8

180℃のオーブンで35分ほど焼く。型から出してケーキクーラーにのせて冷ます。

Memo 焼き上がりの目安は、表面がきつね色に色づき、真ん中が膨らんで割れるくらい。

バタークリームを作る

9

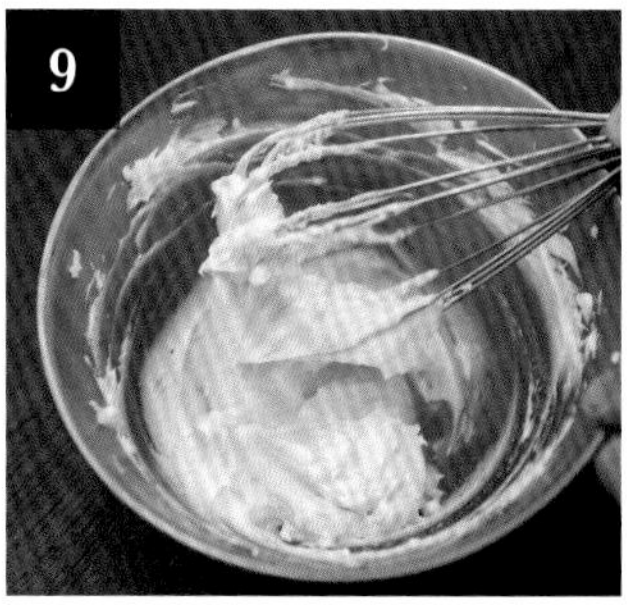

ボウルにバターを入れてへらで練ってやわらかくし、粉糖を加えてハンドミキサーで白っぽくなるまでしっかりと泡立てる。ラム酒を香りづけ程度に加えてむらなく混ぜる。

組み立てる

10

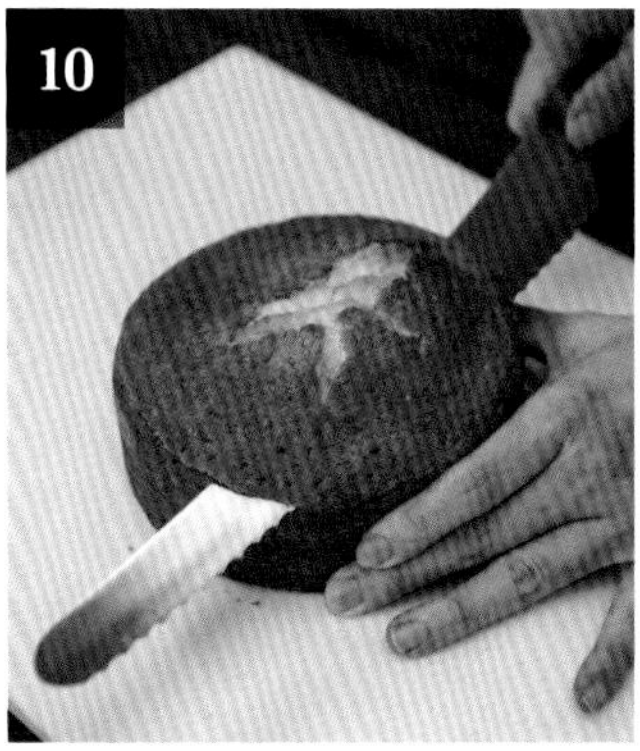

冷めた生地からシートをはがし、ドーム状に盛り上がった上部を水平に切り落とす。

Memo 切り落とした部分は使用しません。そのまま食べても、バタークリームとジャムを塗って食べてもOK。

11

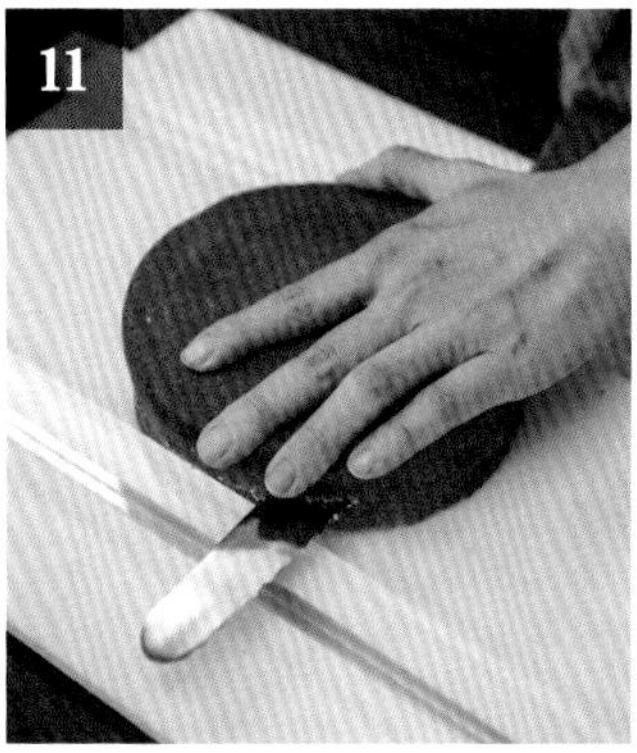

生地の上下を返し(焼いたときに底だった面が上面にくる)、両脇に2cmのルーラーを置いて、その上をナイフをすべらせて2cm厚さにスライスする。

12

下側の生地にバタークリームをのせ、縁から1cmほど内側に塗り広げる。

Memo 縁ぎりぎりまで塗るとはさんだときにはみ出してしまいます。

13

クリームの上に、クリームよりもひとまわり内側に赤い実のジャムを塗る。

14

上側の生地をのせる。上から軽く押さえて生地、クリーム、ジャムを密着させる。ラップでぴっちりと包んで1～2時間常温におき、生地、クリーム、ジャムをなじませた後、粉糖をふり、切り分ける。

Memo 保存は真冬以外は冷蔵庫で。バターが固まっているので、食べる少し前に常温にもどします。

お菓子に合わせたいジャムとパーツ

ジャム作りは素材の組み合わせやスパイス使いが料理の感覚に近く、自由に創作を楽しめます。果物は旬の時季には生を使い、なければ冷凍を利用しましょう。切り方はお好みに。果肉がごろごろと残るのも楽しいし、なめらかなタイプも上品です。強火で短時間で煮上げるのが風味豊かに仕上げるコツ。ただし、生と冷凍とでは水分量が違うので、煮る時間で調節しましょう。ビクトリアケーキにはさむ場合は、酸味の強いものがとくにおすすめです。バターケーキの甘い生地をさわやかに仕上げてくれます。チーズケーキに添えてもよいでしょう。炭酸水で割ったり、紅茶に添えたり、ジャムは様々なシーンで活躍します。

タルトやシューにトッピングするナッツ類やチョコ味のフレークなどを、パーツと呼んでいます。カリカリしたキャラメルナッツやサクサクしたチョコ味のフィヤンティーヌを加えることで、食感にアクセントを与えるほか、タルトやシューが湿気にくくなる利点もあります。市販のキャラメルナッツやチョコフレークで代用することもできます。おやつやお酒のお供にそのまま食べても止まらなくなるおいしさ。湿気に注意すれば二週間ほど保存できます。

ルバーブのジャム

◉材料

(作りやすい分量)

ルバーブ　400g

グラニュー糖　180g(ルバーブの重さの45%)

レモン汁　8g

シナモン(カシアクラッシュ。p.92)　1片

◉作り方

ルバーブは根元のかたい部分を落とす。縦半分に切り、5㎜～1㎝幅に切る。

Memo やわらかいルバーブなら大きめに、かためのものは小さめに切ります。

ボウルに[1]を入れてグラニュー糖をまぶし、常温に1～2時間おく。

Memo グラニュー糖が溶けてルバーブの水分がたっぷりと出るまで待ちます。冷蔵庫で一晩おいてもOK。

鍋に[2]を入れ、レモン汁、シナモンを加える。

強火にかけ、焦がさないようにゴムべらで鍋底から絶えず混ぜながら煮ていく。

Memo ジャムはかなり高温になるので、跳ねて火傷しないよう注意しましょう。

途中、アクが出たらすくい取る。

水分が煮詰まってとろみがつき、全体につやと透明感が出たら煮上がり。

Memo 必要以上に煮すぎると、色や風味が失われます。

煮沸殺菌して乾燥させたびんに、[6]を縁まで入れる。

しっかりとふたを閉め、逆さにして冷ます。

Memo 長期保存する場合は、さらにびんごと煮沸します。開封後は冷蔵庫で保存。

アプリコットと高山茶のジャム

◉材料

（作りやすい分量）

アプリコット（冷凍・種抜き）　400g

グラニュー糖　180g（アプリコットの重さの45%）

レモン汁　8g

高山茶葉（p.92）　2g

水　120ml

高山茶葉パウダー（p.92）　0.5g

◉作り方

1　アプリコットは5㎜角に切り、p.58の[2]と同じようにする。

2　小鍋に高山茶葉と分量の水を入れ、火にかけて濃く煮出す。

Memo　ぐらぐら沸かない程度の火加減で煮出し、色が出たら火を消して余熱で濃く抽出します。

3　鍋に[1]とレモン汁を入れ、p.58の[4]～[5]と同じように煮る。

4　水分が減ってとろみがついてきたら[2]を漉し入れ、再びとろみがつくまで煮詰める。

5　火を止めて高山茶葉パウダーを加えて混ぜ、p.58の[7]～[8]と同じようにする。

いちじくの赤ワイン煮のジャム

◉材料

（作りやすい分量）

いちじく　300g

グラニュー糖　120g（いちじくの重さの40%）

赤ワイン　100g

レモン汁　11g

◉作り方

1　いちじくは皮つきのまま1cm角に切る。

2　p.58の[2]と同じようにする。

3　鍋に[2]、赤ワイン、レモン汁を入れ、ひと混ぜする。

4　p.58の[4]～[8]と同じようにする。

洋梨のジャム

◉材料

（作りやすい分量）

洋梨　400g（正味）

グラニュー糖　160g（洋梨の重さの40%）

レモン汁　8g

ローリエ　1枚

バニラのさや*　1/2本分

*種子を取った残りでOK。

◉作り方

1　洋梨は皮をむいて芯を取り、1cm角に切る。

2　p.58の[2]と同じようにする。

3　鍋に[2]、レモン汁、ローリエ、バニラのさやを入れ、p.58の[4]～[6]と同じようにする。さやを除き、p.58の[7]～[8]と同じようにする。

赤い実のジャム

◉材料

（作りやすい分量）

赤すぐり*（冷凍）　50g

フランボワーズ*（冷凍）　50g

グリオットチェリー*（冷凍・種抜き）　50g

いちじく*　250g

グラニュー糖　180g（果物の重さの45%）

レモン汁　8g

*冷凍ミックスベリーを使ってもOK。

◉作り方

1　いちじくは皮つきのまま1cm角に切り、その他の果物と合わせる。

Memo　ベリー類を細かく刻むとなめらかな口あたりのジャムになります。

2　p.58の[2]と同じようにする。

3　鍋に[2]とレモン汁を入れる。

4　p.58の[4]～[8]と同じようにする。

パーツ4種

ヘーゼルナッツキャラメリゼ

◉材料
（作りやすい分量）
ヘーゼルナッツ　100g
グラニュー糖　70g
塩　1g
水　30ml

◉下準備
■オーブンは150℃に予熱する。

◉作り方
1　ヘーゼルナッツは天板に広げ、150℃のオーブンで20分ほどローストする。
2　鍋に[1]以外の材料を入れて強めの中火にかけ、シロップを煮詰める。
3　[2]がキャラメル色になる直前に[1]を加えてゴムべらで混ぜる。混ぜ続けるうちに砂糖が結晶化してくる。そこからさらに混ぜ続け、キャラメル状に溶けてくるまで加熱を続ける。
4　ベーキングシートを敷いたバットに取り出し、バラバラに離して冷ます。乾燥剤とともに密閉容器に入れて保存し、好みの大きさに刻んで使う。
Memo　湿気やすいので注意しましょう。

アーモンドヌガー

◉材料
（作りやすい分量）
アーモンドスライス　50g
バター　10g
グラニュー糖　13g
塩　0.5g
生クリーム（35%）　15g

◉下準備
■オーブンは150℃に予熱する。

◉作り方
1　アーモンドスライスは天板に広げ、150℃のオーブンで15分ほどローストする。
2　鍋に[1]以外の材料を入れて中火にかけ、ふつふつと煮立ち、とろみがついたら火を止める。
3　[2]に[1]を加え、ゴムべらでやさしくからめる。
Memo　アーモンドが割れないように注意しましょう。
4　ベーキングシートを敷いた天板に取り出し、170℃に予熱したオーブンで20分ほど焼く。
5　シートごと取り出して冷まし、冷え固まったら好みの大きさにほぐす。乾燥剤とともに密閉容器に入れて保存する。
Memo　そのまま食べる場合は、塩を減らしましょう。

アーモンドキャラメリゼ

◉材料
（作りやすい分量）
アーモンド　100g
グラニュー糖　70g
塩　1g
水　30ml

◉下準備
■オーブンは150℃に予熱する。

◉作り方
ヘーゼルナッツキャラメリゼと同じ要領で作る。

チョコのフィヤンティーヌ

◉材料
（作りやすい分量）
ダークチョコレート　90g
フィヤンティーヌ（市販のフレーク。p.92）　30g

◉作り方
1　チョコレートは細かく刻んで湯煎にして溶かす。
2　フィヤンティーヌを加え、ゴムべらでチョコレートをからめる。
3　ベーキングシートを敷いたバットに取り出し、薄く広げて冷ます。
4　チョコレートが冷え固まったら好みの大きさにほぐし、乾燥剤とともに密閉容器に入れて保存する。

AURELIA II

DISARONNO

喫茶半月について

「喫茶半月」は、焼き菓子の店「菓子屋シノノメ」の二階にあります。

大通りに面しているのに、知らなければ決して気づかず、半分隠れているような場所だから〝半月〟と名づけました。

この店の主は、店自体の細長い形を生かしてしつらえた、長い長いバーカウンター。

カウンターの奥に据えたエスプレッソマシーンで、ショットや量の異なる各種エスプレッソ、アメリカーノ、ロングブラック、カフェラテ、マキアートなどを淹れます。

半月で使っているコーヒー豆は、from afar の豆よりも焙煎が深め。

どっしりとしたエスプレッソが抽出でき、スチームドミルクと合わせたときにもしっかりとした味わいとこくが出ます。

半月にはアルコールメニューもあり、柚子と紅茶のジン、初夏のマティーニなどの数種類のカクテルを提供しています。

また、コーヒーやアルコールが苦手な方のために、炭酸やカフェインの少ないソフトドリンク、紅茶なども提供しています。

カウンターにはエスプレッソやカクテルに似つかわしい、大人っぽい雰囲気のハイスツールを合わせ、余計なものを廃したシンプルなイメージにまとめました。

でも、張り詰めた緊張感が漂わないよう、所々におばあちゃんの家にあるような木彫りの熊や鹿を置いたり、昔の喫茶店にあるような小さな赤いソファーを配したり、洋と和が調和する穏やかな空間にしたつもりです。

お菓子の品ぞろえは、シュークリーム、ロールケーキ、レアチーズケーキといった、昔ながらの喫茶店のクラシックな定番菓子をイメージしています。

シュークリームは季節ごとに違った味を楽しんでいただけるようアレンジを変え、ロールケーキは果物などを使わずに、ほんのりとウイスキーをきかせた大人っぽいクリームで通年お出ししています。

どのお菓子もエスプレッソ系ドリンクとの相性がよく、ミルク入りがお好きならカフェラテを合わせたり、濃いめのミルク入りが飲みたいときにはマキアート、すっきり味わいたいときにはアメリカーノなど、自由に組み合わせてお楽しみください。

喫茶半月
東京都台東区蔵前4-31-11新光ビル2F（シノノメ2F）
12:00～19:00（L.O.18:30）
定休日　水曜日
インスタグラム　@hangetsu_kuramae
※営業時間、定休日など最新情報はインスタグラムをご確認ください。
※お子様連れの喫茶利用は、ご遠慮いただいています。

［本書掲載の喫茶半月のお菓子］
シュークリーム各種、エクレア（p.66～79）／ロールケーキ（p.82）／レアチーズケーキ（p.88）／鉄観音のパンナコッタ（p.90）
※お菓子のラインナップは時季により変わります。

シュークリーム

Cream Puff

ひと目で興味を引くインパクトのある姿形にしよう。このシュークリームのデザインはそこから始まりました。まず目をとらえるのは、ぐるぐるとうず高く絞り上げたクリーム。うっすらと色づいているのでただの生クリームでないことはわかっていただけても、見た目だけでは味の想像ができないのがクリームのおもしろさ。季節ごとに様々な素材——キャラメルソース、ベリーのパウダーやリキュール、台湾茶やアールグレイの茶葉など——で香りをつけて印象的な味わいに仕立てます。

このたっぷりのクリームを受け止めるのが、独特な食感のシュー生地です。左の写真は薄くのばしたココアクッキー生地をシュー生地に重ねて焼いたもので（メロンパンの製法に似ています）、昔ながらのシューよりもカリカリと小気味よい食感が持ち味です。季節によっては、アーモンドダイスやパールシュガーをたっぷりふって焼くこともあります。

シューの中にはまた別のクリームを詰めてあります。その中に栗の渋皮煮を埋め込んだり、上に生やコンポートの果物を並べたり……。キャラメルがけした甘じょっぱいナッツも添えて、最後まで飽きずに食べられるよう工夫しました。

マロンとキャラメルのシュー
（作り方 p.71）

基本のシュー生地と焼き方

◉材料

（シュークリーム16～18個分）
バター　55g
牛乳　80g
水　80ml
塩　1g
準強力粉*　96g
全卵（溶きほぐす）　約175g
シュー用ココアクッキー生地（左ページ）　16～18枚

＊なければ薄力粉や強力粉でもOK。薄力粉はやわらかめに焼き上がり、より膨らみやすくなる。強力粉はかために焼き上がり、膨らみがおさえられる。同量ずつ混ぜて使ってもOK。

◉下準備

■バターは1cm角くらいに切って常温にもどす。
■牛乳、分量の水、全卵も常温にもどす。
※バターが冷たいと、先に牛乳と水が蒸発するので、同じ温度にしておきます。
■準強力粉はふるう。
■オーブンは180℃に予熱する。

◉作り方

シュー生地を作る

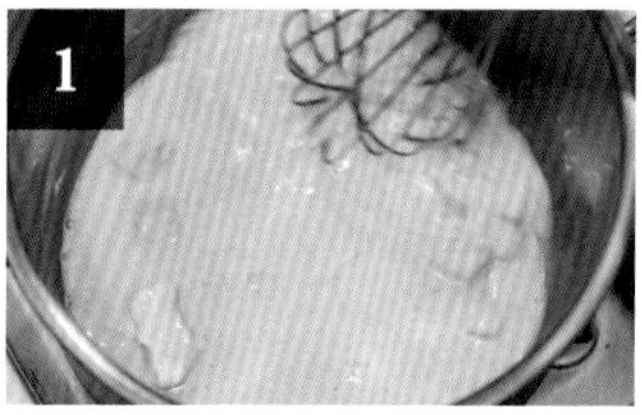

鍋にバター、牛乳、分量の水、塩を入れて中火にかけ、泡立て器でむらなく混ぜて均一に溶かす。

Memo 鍋は底が厚く、表面加工されていないものがおすすめ。

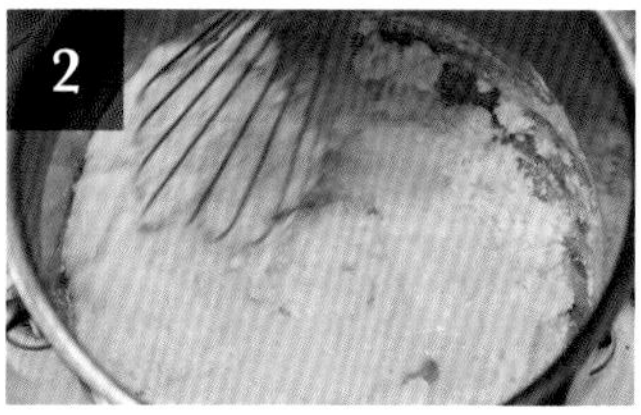

沸騰したら火を止めて、準強力粉を一気に加えてすぐに混ぜる。

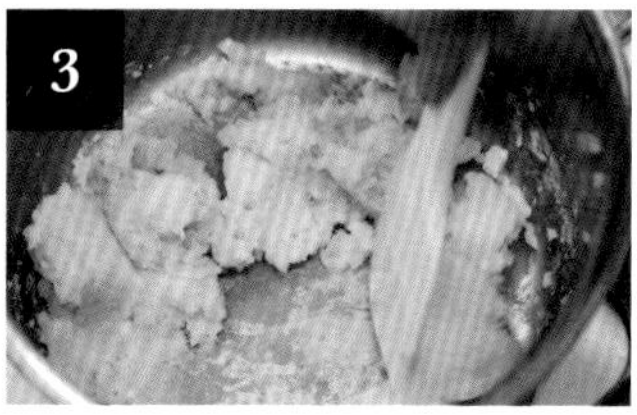

粉気がなくなったら、中火にかけてゴムべらで練り混ぜながら火を通す。

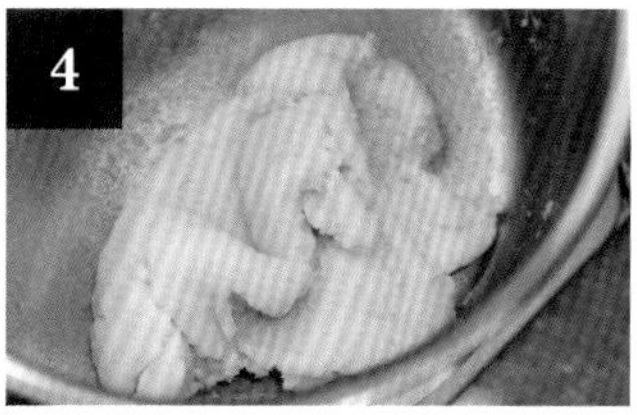

生地がひとまとまりになって、鍋の底に薄い膜ができるくらいが火通しの目安。

Memo この段階で小麦粉に十分に火を通しておかないと焼いたときに膨らみません。底にこびりついた膜は生地に混ぜ込まずに取り除きましょう。

生地をボウルに取り出して、へらで混ぜながら粗熱を取る。約50℃に冷めたら、全卵の半量を加える。へらを立てて切るように混ぜてなじませる。

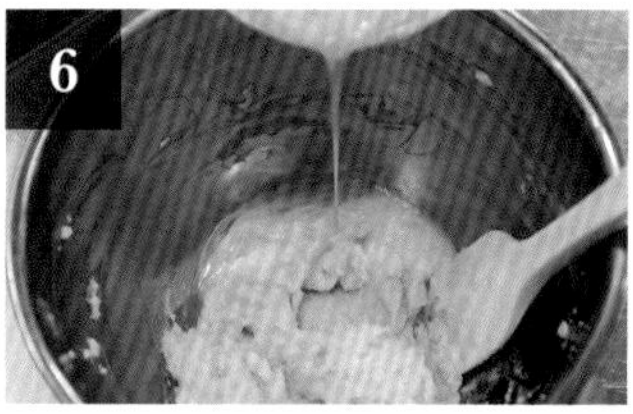

よくなじんだら、残りの全卵を少しずつ加えて5の混ぜ方でなじませる。

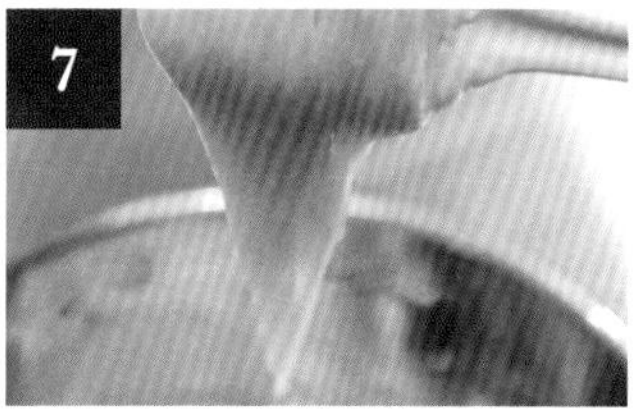

混ぜ上がりの目安は、生地をへらで持ち上げて自然にたらしたときに、へらに残った生地が逆三角形になるくらい。

いったん凍らせる

生地が温かいうちに口径14㎜の丸口金をつけた絞り出し袋に入れる。ベーキングシートを敷いたバットに絞っていく。絞り出し袋を垂直に立て、口金をバットから少し離して固定して、求める大きさに絞り出す。約5cm大になったら、口金を横に振って生地を切る。

絞り出したシュー生地の上に、クッキー生地を水平にのせ、軽く押さえて密着させる。バットごと冷凍庫に入れて、凍らせる。

Memo これをいったん凍らせた方が均一に膨らみます。完全に凍ってからジッパーつき保存袋に移し替えれば、2週間ほど保存できます。すぐに焼きたいときは、ベーキングシートを敷いた天板に直接絞ります。焼くと膨らむので、隣との間隔を5～6cmあけましょう。

アーモンドダイスとパールシュガーをのせる場合

シュー生地の絞り終わりのとがった部分を水でぬらした指先でなでてならす。アーモンドダイスとパールシュガーを3：1の割合で混ぜ合わせ、シュー生地の上にたっぷりとのせて、凍らせる。焼き方は10～12と同様。

Memo 生地は焼くと膨らむので、たっぷりのせておきましょう。

霧を吹いて焼く

10 ベーキングシートを敷いた天板に[9]を5～6㎝間隔をあけて並べる。天板全体にたっぷりと霧を吹く。

Memo オーブン内に蒸気がこもるように、ベーキングシートが湿るくらいに霧を吹きます。蒸気によって生地がより膨らみやすくなります。

11 180℃に予熱したオーブンで45分、160℃に下げて約15分焼く。

Memo 最初の45分が膨らませる時間。このときに扉を開けるとしぼんでしまいます。温度を下げてからは乾燥させるのが目的。焼き色を見ながらきつね色になるまで焼きます。

12 ケーキクーラーにのせて冷ます。

上部を切り内側の皮を除く

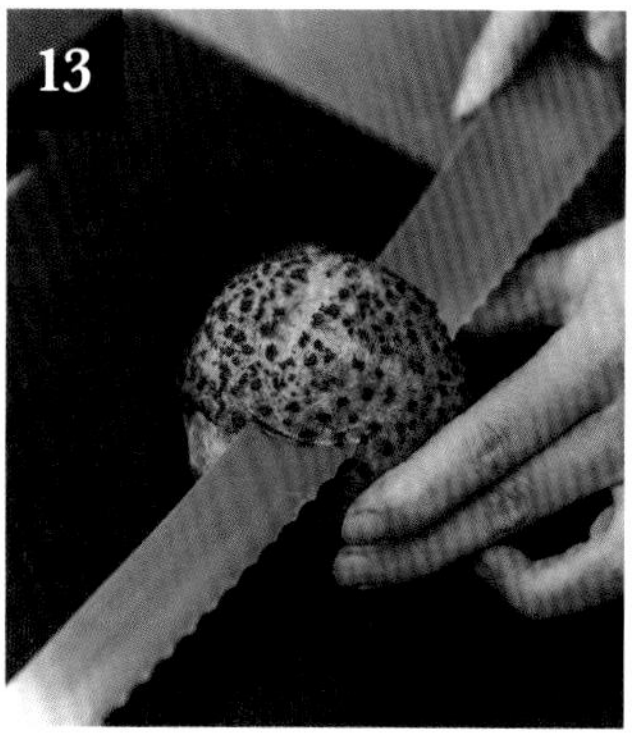

13

シューの上部を水平に切る。

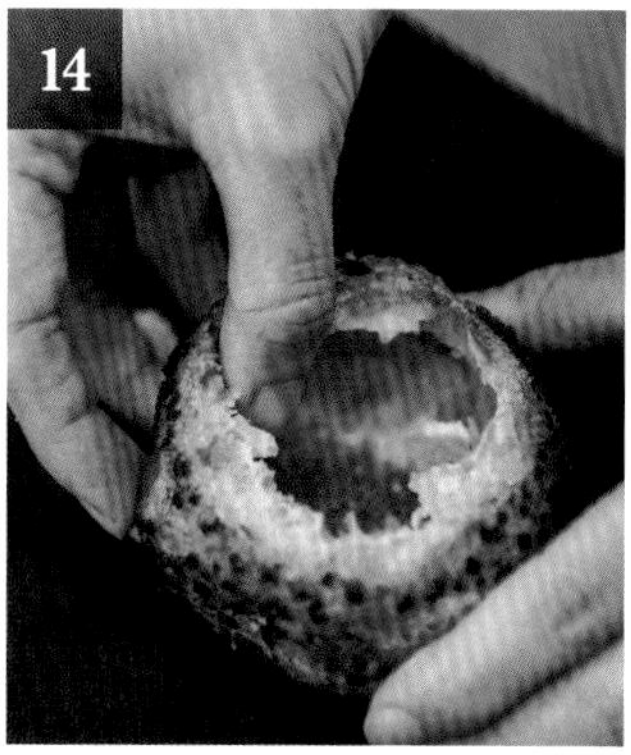

14

下側のシューの内側の皮を少し取り除く。

Memo 具材をたっぷりと詰められるようにスペースをあけます。

「シュー用ココアクッキー生地の作り方」

シュー生地の上にクッキー生地をのせて焼くことで、カリカリとした食感が楽しめます。この生地はできるだけ薄くのばしましょう。

◉材料

(約21枚分)
バター　25g
グラニュー糖　20g
薄力粉　15g
ココアパウダー*(無糖)　3g
アーモンドパウダー　20g
アーモンドダイス(p.92)　20g
*ココアパウダーを同量の薄力粉におきかえれば、プレーン生地になる。

◉下準備

■バターは常温にもどす。
■薄力粉、ココアパウダー、アーモンドパウダーはそれぞれふるう。

◉作り方

1 ボウルにバターを入れ、ゴムべらで練ってやわらかくし、グラニュー糖を加えてよく練り混ぜる。

2 薄力粉、ココアパウダー、アーモンドパウダー、アーモンドダイスを一度に加える。

3 へらを立てて切るように混ぜる(a)。むらなく混ざって粉っぽさがなくなったら混ぜ上がり。

4 生地を3等分し、シルパット(p.93)にベーキングシートを重ねたところに1かたまり取り出し、ラップをかぶせる(b)。溶けやすい生地なので、手早く作業できるように3回に分けて作業する。

5 ラップの上からめん棒を転がしてできるだけ薄くのばす(c)。アーモンドダイスと同じ厚みが目安。厚いとシューに重ねたときにその重みでシューが膨らみにくくなってしまう。

6 冷凍庫でカチカチに冷やし固めた後、ラップをはがして直径5㎝の抜き型で抜く(d)。使うまで冷凍庫に入れておく。

Memo とても溶けやすく、十分に冷やしておかないと室温や手の温度でダレたり溶けたりしてきれいに抜けません。暑い時季には向かない生地です。

(b)

(a)

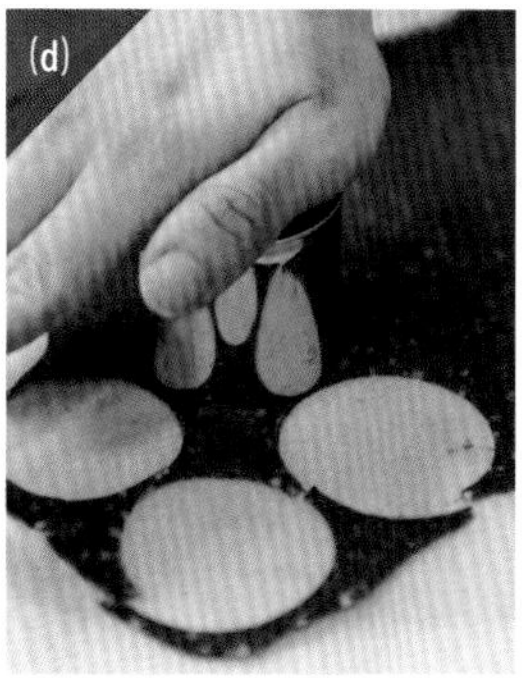

(d)

(c)

マロンとキャラメルのシュー

Marron and Caramel Cream Puff

ぐるぐると絞ったのは、ほろ苦いキャラメル味の生クリーム。シューの中にはチョコのフィヤンティーヌ、マロンピューレで仕立てた濃厚なクリーム、栗の渋皮煮がたっぷり詰まっています。キャラメルがけした香ばしいヘーゼルナッツが食感のアクセント。

◉材料

(5個分)

クッキー生地をかぶせて焼いたシュー(p.68～69)　5個

チョコのフィヤンティーヌ(p.60)　大さじ2弱

マロンクリーム(p.25)　全量

キャラメルクリーム(p.25)　全量

栗の渋皮煮(市販)　5個

ヘーゼルナッツキャラメリゼ(p.60)　適量

◉下準備

■マロンクリームは絞り出し袋(口金なし)に入れる。

■キャラメルクリームは口径7㎜の6切星口金をつけた絞り出し袋に入れる。

◉作り方

1

下側のシューにチョコのフィヤンティーヌ小さじ1を入れる。

2

1にマロンクリームを8分目まで絞り入れる。

3

栗の渋皮煮を4等分に切り、2の中に押し込む。マロンクリームを縁ぎりぎりまで絞り、表面をならす。

4

キャラメルクリームをぐるぐるとらせん状に4周絞る。上にいくにつれて円を小さくして円すい状にする。

5

上側のシューをトップにのせ、ヘーゼルナッツキャラメリゼを半割りにして、クリームの所々に差し込む。

シューのフルーツバリエーション

Fruit Variation of Cream Puff

右から
ぶどうと紅茶のシュー（作り方 p.77）
いちごとほうじ茶のシュー（作り方 p.76）
柑橘とマスカルポーネのシュー（作り方 p.75）
桃とフランボワーズのシュー（作り方 p.74）

桃とフランボワーズのシュー

Peach and Framboise Cream Puff

淡いピンク色のクリームは甘酸っぱいフランボワーズ味。桃のリキュールでほのかに香りづけしてあります。桃の果肉は変色しやすいので、生のままではなくコンポートしてから使いましょう。シューにまぶしたアーモンドダイスがザクザクして香ばしい！

◉材料

（5個分）

アーモンドダイスとパールシュガーをのせて焼いたシュー（p.68〜69）　5個

アーモンドヌガー（p.60）　大さじ2弱

ディプロマットクリーム（p.17）

- カスタードクリーム　60g
- 生クリーム（42%）　30g

桃のコンポート（p.42）　約10切れ

フランボワーズクリーム（下記）　全量

〈断面図〉

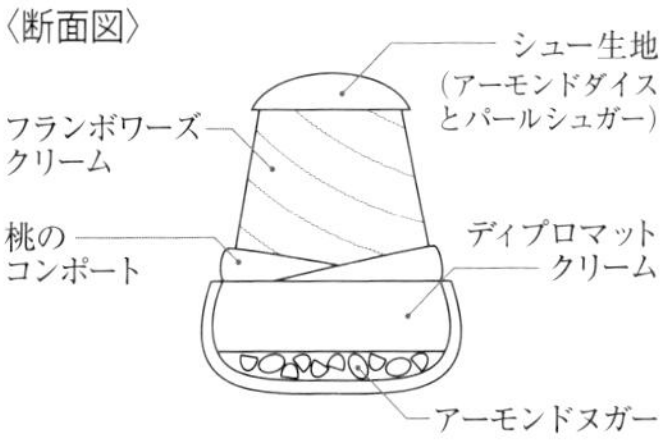

◉下準備

■ディプロマットクリームは絞り出し袋（口金なし）に入れる。

■フランボワーズクリームは口径7㎜の6切星口金をつけた絞り出し袋に入れる。

◉作り方

1　シューの上部を水平に切り、内側の皮を少し取り除く。下側のシューの中にアーモンドヌガー小さじ1を入れる。

2　1の縁ぎりぎりまでディプロマットクリームを絞り入れ、表面をならす。

3　桃のコンポート1〜2切れ（1個当たり）は汁気を拭き取って厚みを半分に切り、シューの縁に沿って並べる。余った分は小さく切って中央にのせる。

4　3の上にフランボワーズクリームをぐるぐるとらせん状に4周絞る。

5　上側のシューをトップにのせる。

フランボワーズクリーム

◉材料

（シュー約5個分）

生クリーム（42%）　200g

グラニュー糖　20g（生クリームの重さの10%）

フランボワーズパウダー（p.92）　1.5g

ピーチリキュール（p.92）　4g

フランボワーズ（冷凍）　8g

◉下準備

■生クリームは泡立て用のボウルに入れて冷蔵庫で十分に冷やす。

◉作り方

準備しておいた生クリームのボウルを氷水に当て、その他の材料を入れてハンドミキサーで軽く混ぜてなじませる。

ハンドミキサーで9分立てに泡立てる。

柑橘とマスカルポーネのシュー

Citrasfruit and Mascarpone Cream Puff

柑橘類のさわやかな香りと酸味でまとめたシュークリーム。シューの中には甘酸っぱいレモンカードをたっぷり詰めて、上には金木犀の香りの、オレンジゼスト入りマスカルポーネクリームを絞り、間にピンクグレープフルーツをはさみます。

◉材料

（3～4個分）

クッキー生地をかぶせて焼いたシュー（p.68～69）　3～4個

チョコのフィヤンティーヌ（p.60）　大さじ2弱

レモンカード（p.27）　60～80g

ピンクグレープフルーツの果肉　1/2個分

マスカルポーネクリーム（下記）　全量

〈断面図〉

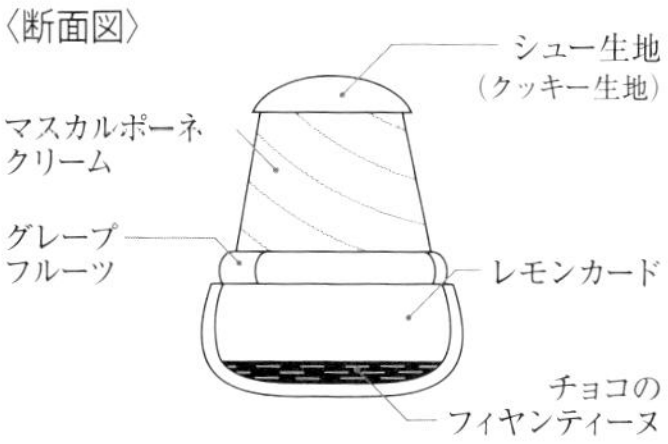

◉下準備

■レモンカードは絞り出し袋（口金なし）に入れる。

■マスカルポーネクリームは口径7㎜の6切星口金をつけた絞り出し袋に入れる。

◉作り方

1　シューの上部を水平に切り、内側の皮を少し取り除く。下側のシューの中にチョコのフィヤンティーヌ小さじ1を入れる。

2　レモンカードを1の縁ぎりぎりまで絞り入れ、表面をならす。

3　ピンクグレープフルーツの果肉2房（1個当たり）は厚みを半分に切り、シューの縁に沿って並べる。余った分は小さく切って中央にのせる。

4　3の上にマスカルポーネクリームをぐるぐるとらせん状に4周絞る。

5　上側のシューをトップにのせる

マスカルポーネクリーム

◉材料

（シュー3～4個分）

マスカルポーネチーズ　50g

生クリーム（42%）　100g

グラニュー糖　15g（生クリーム＋チーズの重さの10%）

オレンジゼスト（p.92）　2g

金木犀シロップ（p.92）　6g

◉下準備

■生クリームは冷蔵庫で十分に冷やす。

◉作り方

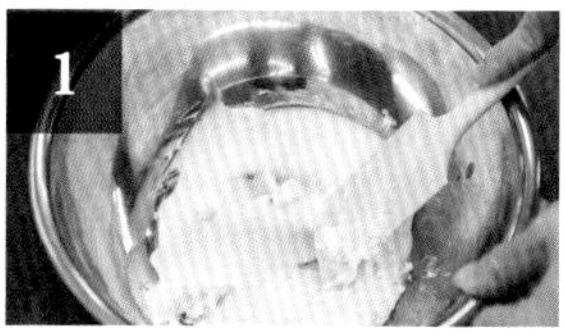

ボウルにマスカルポーネチーズを入れ、ゴムべらで練ってやわらかくする。グラニュー糖を加え、むらなく混ぜる。

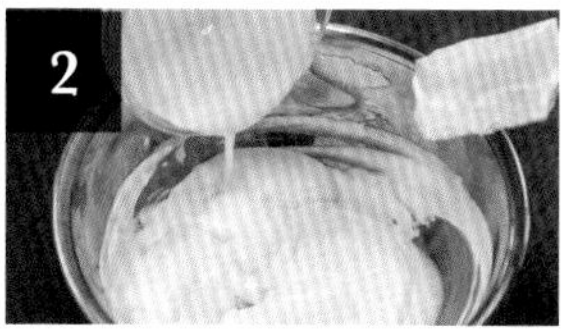

ボウルを氷水に当て、生クリームを3回に分けて徐々になじませていく。

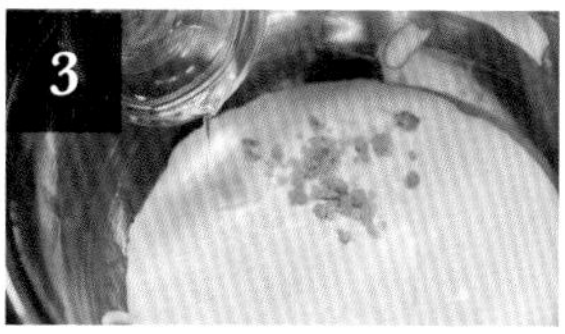

完全になじんだら、オレンジゼスト、金木犀シロップを加え、軽く混ぜる。ハンドミキサーで9分立てに泡立てる。

いちごとほうじ茶のシュー

Strawberry and Roasted Tea Cream Puff

ほうじ茶パウダー入りのクリームがいちごの甘い香りを包み込みます。泡立ててしばらくおいてから絞ると、お茶の味がしみ出して深い味わいに。

◉材料

（5個分）

クッキー生地をのせて焼いたシュー（p.68～69）　5個

チョコのフィヤンティーヌ（p.60）　大さじ2弱

ディプロマットクリーム（p.17）

- カスタードクリーム　60g
- 生クリーム（42%）　30g

いちご　約10個

ほうじ茶クリーム（下記）　全量

〈断面図〉

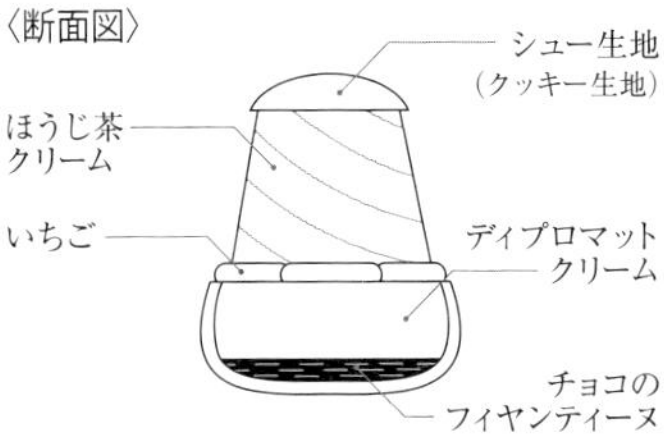

◉下準備

■ディプロマットクリームは絞り出し袋（口金なし）に入れる。

■ほうじ茶クリームは口径7㎜の6切星口金をつけた絞り出し袋に入れる。

◉作り方

1　シューの上部を水平に切り、内側の皮を少し取り除く。下側のシューの中にチョコのフィヤンティーヌ小さじ1を入れる。

2　ディプロマットクリームを[1]の縁ぎりぎりまで絞り入れ、表面をならす。

3　いちごは1～2個（1個当たり）を3～4等分の輪切りにし、それぞれを十字に4等分に切り、大きなものをシューの縁に沿って並べる。余った分は中央にのせる。

4　[3]の上にほうじ茶クリームをぐるぐるとらせん状に4周絞る。

5　上側のシューをトップにのせる。

ほうじ茶クリーム

◉材料

（シュー約5個分）

生クリーム（42%）　200g

グラニュー糖　20g（生クリームの重さの10%）

ほうじ茶パウダー（p.92）　2g（生クリームの重さの1%）

◉下準備

■生クリームは泡立て用のボウルに入れて冷蔵庫で十分に冷やす。

◉作り方

準備しておいた生クリームのボウルを氷水に当て、グラニュー糖を加え、ほうじ茶パウダーをふるい入れ、軽く混ぜてなじませる。

ハンドミキサーで9分立てに泡立てる。

ぶどうと紅茶のシュー

Grape and Tea Cream Puff

生クリームにアールグレイのパウダーを混ぜるだけで、香りのよいクリームのでき上がり。ぶどうは皮ごと食べられる品種を使います。

◉材料

（5個分）

アーモンドダイスとパールシュガーをのせて焼いたシュー（p.68～69）　5個

アーモンドキャラメリゼ（p.60）　大さじ2弱

ディプロマットクリーム（p.17）

- カスタードクリーム　45g
- 生クリーム（42%）　45g

ナガノパープル　5粒

紅茶クリーム（下記）　全量

〈断面図〉

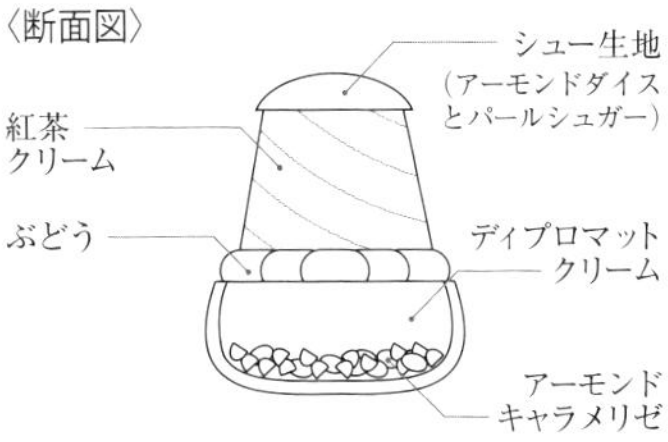

◉下準備

■ディプロマットクリームは絞り出し袋（口金なし）に入れる。

■紅茶クリームは口径7㎜の6切星口金をつけた絞り出し袋に入れる。

◉作り方

1　シューの上部を水平に切り、内側の皮を少し取り除く。下側のシューの中にアーモンドキャラメリゼを入れる。

2　ディプロマットクリームを1の縁ぎりぎりまで絞り入れ、表面をならす。

3　ナガノパープルは1粒（1個当たり）を縦8等分に切り、シューの縁に沿って並べる。余った分は中央にのせる。

4　3の上に紅茶クリームをぐるぐるとらせん状に4周絞る。

5　上側のシューをトップにのせる。

紅茶クリーム

◉材料

（シュー約5個分）

生クリーム（42%）　200g

グラニュー糖　20g（生クリームの重さの10%）

アールグレイ茶葉パウダー（p.92）　4g

◉下準備

■生クリームは泡立て用のボウルに入れて冷蔵庫で十分に冷やす。

◉作り方

右ページのほうじ茶クリームの1～2と同じようにして作る。

洋梨と金萱茶のエクレア

Eclair of Pear and Milk Oolong Tea

エクレアはシュッとした細長い形がエレガント。角切りの洋梨を自家製洋梨ジャムで和えて色止めして、間にたっぷりとはさみます。下側にはディプロマットクリームを詰め、上には台湾の金萱《きんせん》茶で仕立てた、うっとりとするような甘い香りのクリームを絞ります。

◉材料

(8～9本分)

基本のシュー生地(p.68)　半量

アーモンドダイス(p.92)　適量

金萱茶クリーム

- 生クリーム(42%)　220g
- 金萱茶パウダー(p.92)　5g
- グラニュー糖　22g

ディプロマットクリーム(p.17)

- カスタードクリーム　120g
- 生クリーム(42%)　60g

チョコのフィヤンティーヌ(p.60)　大さじ3

洋梨　1個

洋梨のジャム(p.59または市販)　洋梨と同量

◉下準備

■金萱茶クリームの生クリームは泡立て用のボウルに入れて冷蔵庫で十分に冷やす。

■ディプロマットクリームは絞り出し袋(口金なし)に入れる。

■オーブンは180℃に予熱する。

◉作り方

シュー生地を焼く

1　p.68の[1]～[7]と同じようにして生地を作る。15切星口金をつけた絞り出し袋に入れ、ベーキングシートを敷いたバットに1本12cm長さに絞る(a)。アーモンドダイスをのせ(b)、冷凍庫でしっかり固まるまで凍らせる。

2　ベーキングシートを敷いた天板に[1]を5～6cm間隔をあけて並べる。天板全体にたっぷりと霧を吹き、180℃のオーブンで45分、160℃に下げて約10分焼く。

3　ケーキクーラーにのせて冷ます。

金萱茶クリームを作る

4　準備しておいた生クリームのボウルを氷水に当て、グラニュー糖を加え、金萱茶パウダーをふるい入れる。

5　泡立て器で軽く混ぜてなじませてから、ハンドミキサーで9分立てに泡立てる。

組み立てる

6　シューの上部を水平に切り、下側のシューの内側の皮を少し取り除く。

Memo　具材をたっぷり詰められるようにスペースをあけます。

7　下側のシューの中にチョコのフィヤンティーヌ小さじ1を敷き詰める。

8　ディプロマットクリームを[7]の縁ぎりぎりまで絞り入れ、表面をならす。

9　洋梨は果肉を5mm角に切り、洋梨ジャムと混ぜ合わせて、[8]の上一面にのせる。

Memo　ジャムと混ぜることで変色が防げます。

10　金萱茶クリームを口径7mmの6切星口金をつけた絞り出し袋に入れ、[9]の端から端まで縦巻きのコイル状に絞る。

Memo　下の洋梨が見えるように、シューの幅より細めに絞るとバランスよく見えます。

11　上側のシューをクリームの上にのせる。

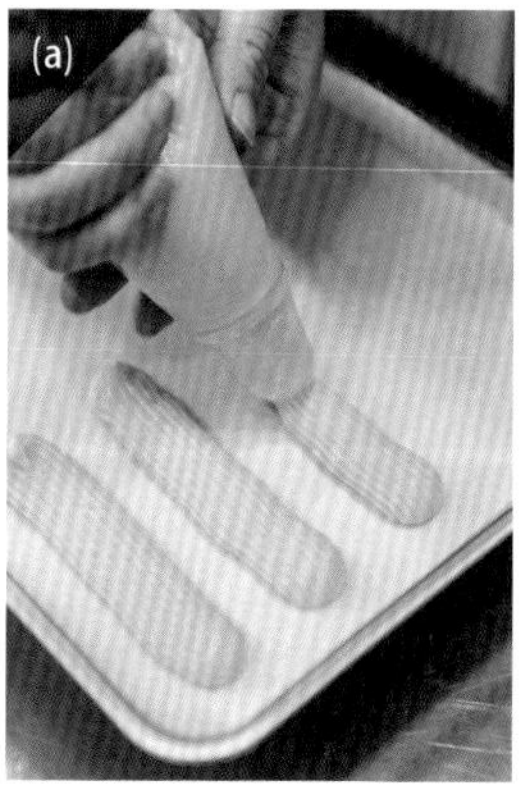

(a)

(b)

Roll Cake

ロールケーキ

ロールケーキはスポンジケーキ生地で巻くタイプと、シフォンケーキのような、もっとやさしい口あたりの生地で巻くタイプがあります。私のこのケーキは、しっとりとしてきめの細かいシフォンケーキ寄りの食感です。

生地作りは、卵白と卵黄を別々に泡立てて最後に合わせる〝別立て〟の方法が失敗が少ないように思います。メレンゲの泡がつぶれることをおそれずに、生地につやが出るまで、ややしっかりめに混ぜるのがコツです。オーブンで焼いたときにきつね色に色づく面を外側にして巻く、レトロなスタイルが私は気に入っています。このきつね色の皮は、白っぽい部分よりも香ばしくてこくがあり、見た目にもメリハリのつくチャームポイントです。

中に巻いたのは、かすかにウイスキーが香る口溶けのよい生クリームです。ウイスキーは、少し高価でも良質で香りのよいものを使うことをおすすめします。ツンとくるような刺激臭がなく、ほんの少量でも得も言われぬ深みが出ます。ウイスキーがなければ好みのリキュールやラム酒でもよいでしょう。クリームを巻いた後は、冷蔵庫で少なくとも半日おきます。その間にクリームの香りや水分が生地にほんのりと移って一体化し、いっそうおいしさが増します。

ロールケーキ（生地を作る）

◉ **材料**

（27㎝の正方形ロールケーキ天板1枚分）

生地

全卵（Lサイズ）　4個
卵黄　1個分
グラニュー糖　25g+40g
太白ごま油＊　15g
牛乳　25g
薄力粉　50g

＊くせのない植物油なら種類を問わない。

◉ **下準備**

■全卵は卵黄と卵白に分ける。
■卵白は泡立て用のボウルに入れて冷蔵庫で冷やし、卵黄は常温にもどす。
■薄力粉はふるう。
■ロールケーキ天板にクラフト紙（p.87）を敷く。天板の大きさよりもひとまわり大きな正方形に切り、天板に重ねて底辺の4辺に折り目をつける。紙の4つの角から折り目の角まで切り込みを入れ、切った部分を重ねて側面にぴったりと沿わせる(a)。
■オーブンは200℃に予熱する。

(a)

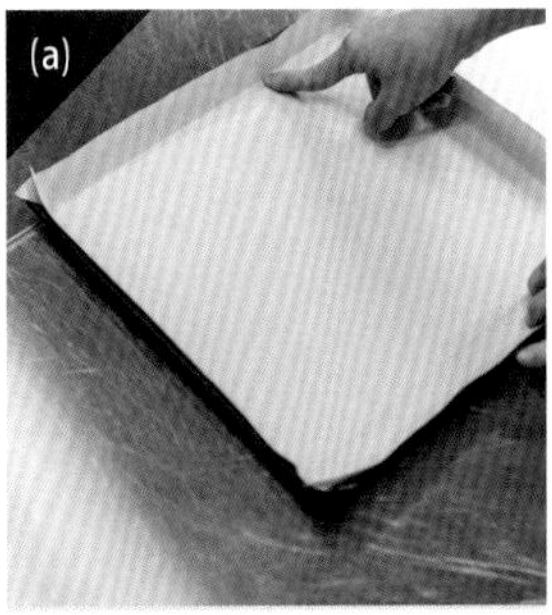

◉ **作り方**

生地を作る

1

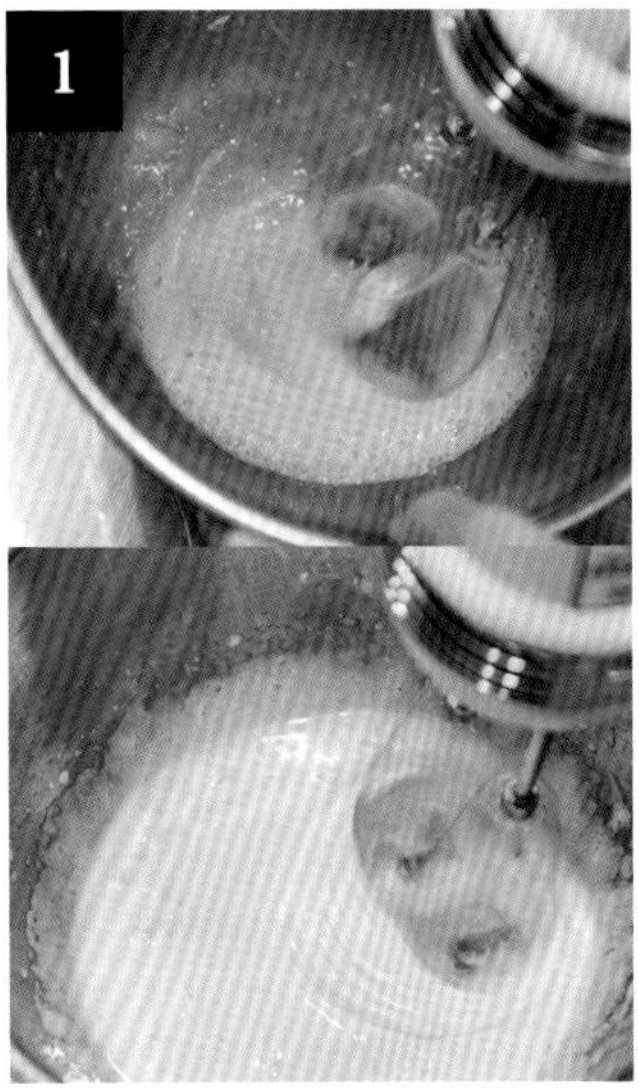

ボウルに卵黄5個分とグラニュー糖25gを入れ、泡立て器で軽く混ぜてなじませてから、ハンドミキサーで泡立てる。全体が1の写真下のように白っぽくなって、とろりとするまで泡立てる。

Memo 泡立て上がりの目安は泡立て器の跡が残るくらい。

2

鍋に太白ごま油と牛乳を入れ、鍋肌がフツフツとする程度に温める。

3

2を1に少量ずつ加えながら、そのつど泡立てて混ぜ込む。

4

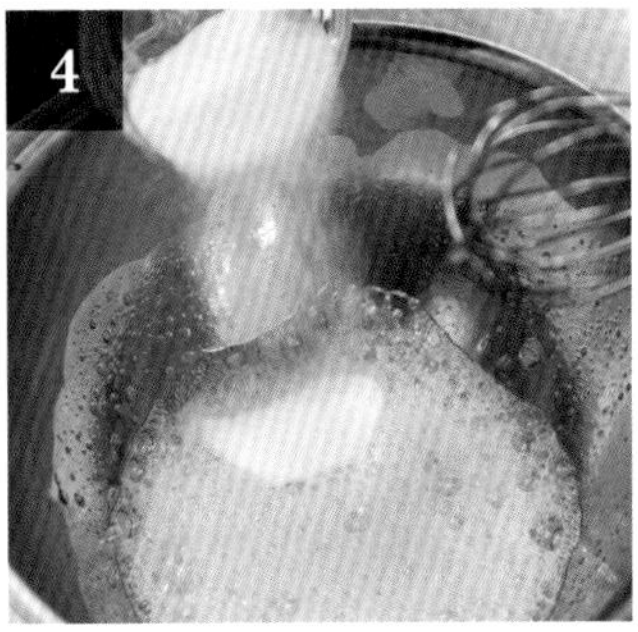

冷やしておいた卵白をハンドミキサーで泡立ててほぐし、グラニュー糖40gを3回に分けて加えていく。まず1回目の分を加えて泡立てる。

5

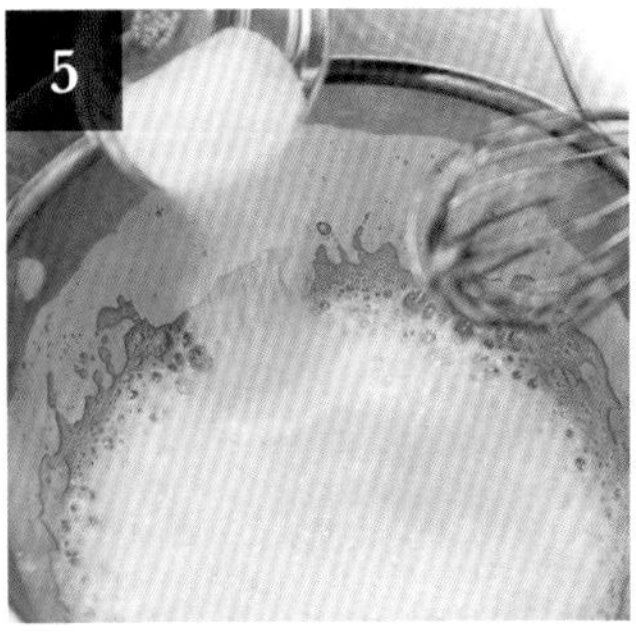

気泡が細かくなったら2回目の分を加えて泡立て続ける。

6

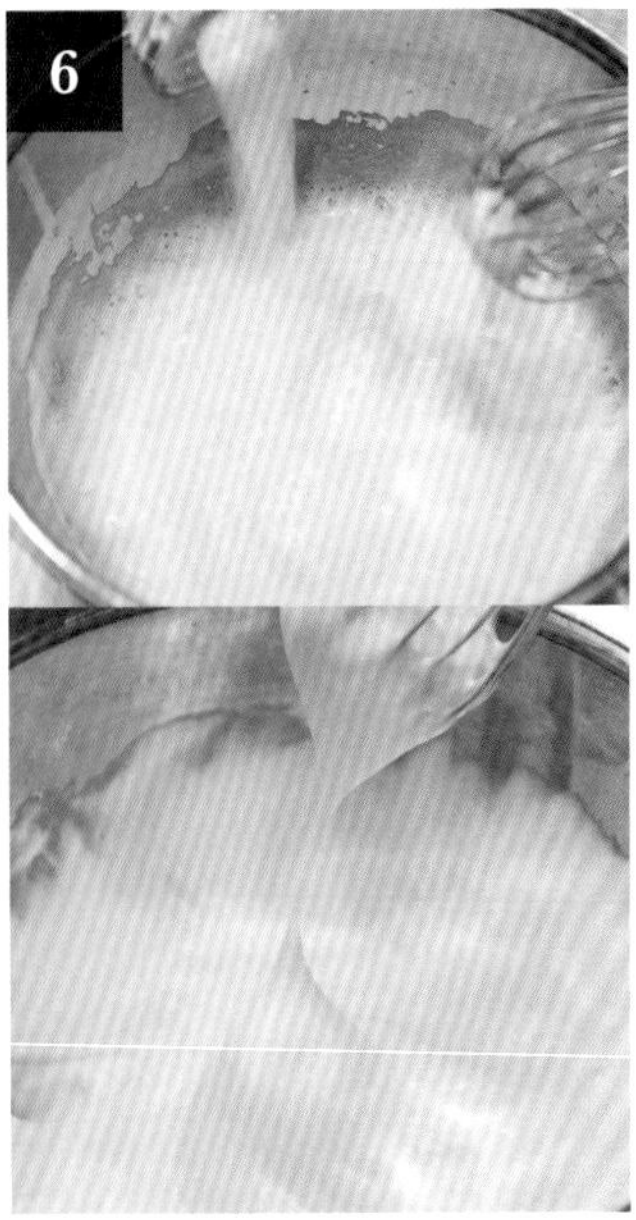

卵白の透明感がなくなって真っ白くなったら3回目の分を加えてさらに泡立てる。最後は泡立て器で大きく強く混ぜて気泡の大きさをそろえ、ツノが立つけれど先端がやや曲がるくらいの、ややゆるめのメレンゲにする。

7

[3]に[6]を3回に分けて加えていく。まず、1回目の分を加えて泡立て器で混ぜて完全になじませる。

Memo メレンゲの気泡がつぶれても気にせずにしっかりと混ぜ合わせましょう。

8

薄力粉を加えて泡立て器で完全になじむまで混ぜる。

Memo 弾力と軽い粘りが出るまで混ぜます。

9

2、3回目のメレンゲを加えて、そのつど泡立て器で手早くなじませる。

10

ゴムべらにかえ、パタパタと面を使って混ぜて気泡の量を調節した後、「の」の字を書くように混ぜて気泡の大きさをそろえる。混ぜ上がりの目安は、つやつやとして、すくって落とした跡が少しの間残ってから消えていくくらいのゆるさ。

11

準備した天板の中央に生地を流す(1枚320g)。

Memo ボウルに付着した生地は使いません。ゴムべらでかき落とすと気泡がつぶれて口溶けが悪くなります。

12

カードで中央から端へと生地をのばす。全体にゆきわたったら、表面をならす。布巾を敷いた台に型をトントンと数回落とし、生地に衝撃を与えて大きな気泡をつぶす。

Memo 適度に泡をつぶした方が巻きやすい生地に焼き上がります。ふわふわと膨らみすぎた生地は分厚くなり、巻くと割れることがあります。

13

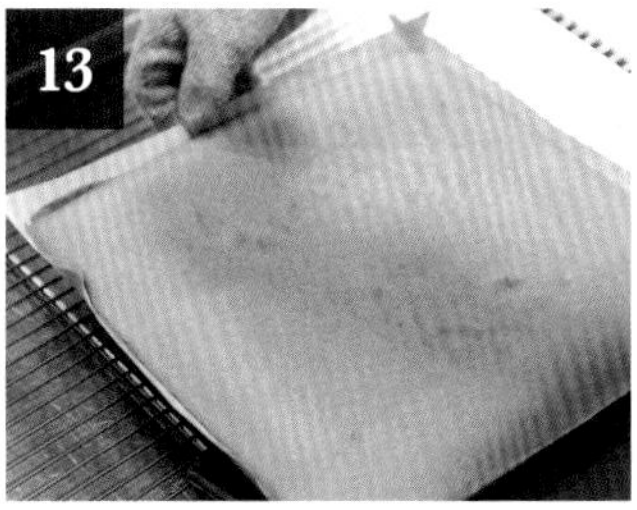

オーブン用の天板にのせて200℃のオーブンで15分ほど焼く。表面全体がきつね色に焼けたら[12]と同じ要領で生地から蒸気を抜き、型から外してケーキクーラーにのせる。

Memo 生地を流したらすぐに焼きましょう。そのためにもオーブンを予熱しておくことが大切。焼き時間はオーブンにより変わります。

14

ロール紙 (p.87) を光沢面を下にしてかぶせて乾燥を防ぎながら冷ます。

ロールケーキ（ウイスキークリームを作る／組み立てる）

◉材料

（ロールケーキ1本分）

ウイスキークリーム

生クリーム（35%）　110g
生クリーム（42%）　110g
グラニュー糖　18g（生クリームの重さの8%）
ウイスキー　4g
バニラペースト（p.92）　小さじ1/6

◉下準備

■2種類の生クリームを泡立て用のボウルに合わせ、冷蔵庫でよく冷やす。

◉作り方

ウイスキークリームを作る

1

準備した生クリームのボウルを氷水に当て、ハンドミキサーで軽く泡立てる。グラニュー糖、ウイスキー、バニラペーストを加える。ツノが立つくらい（9分立て）に泡立て、使うまで冷蔵庫で冷やしておく。

Memo 使う直前に求めるかたさに泡立て直します。

組み立てる

2

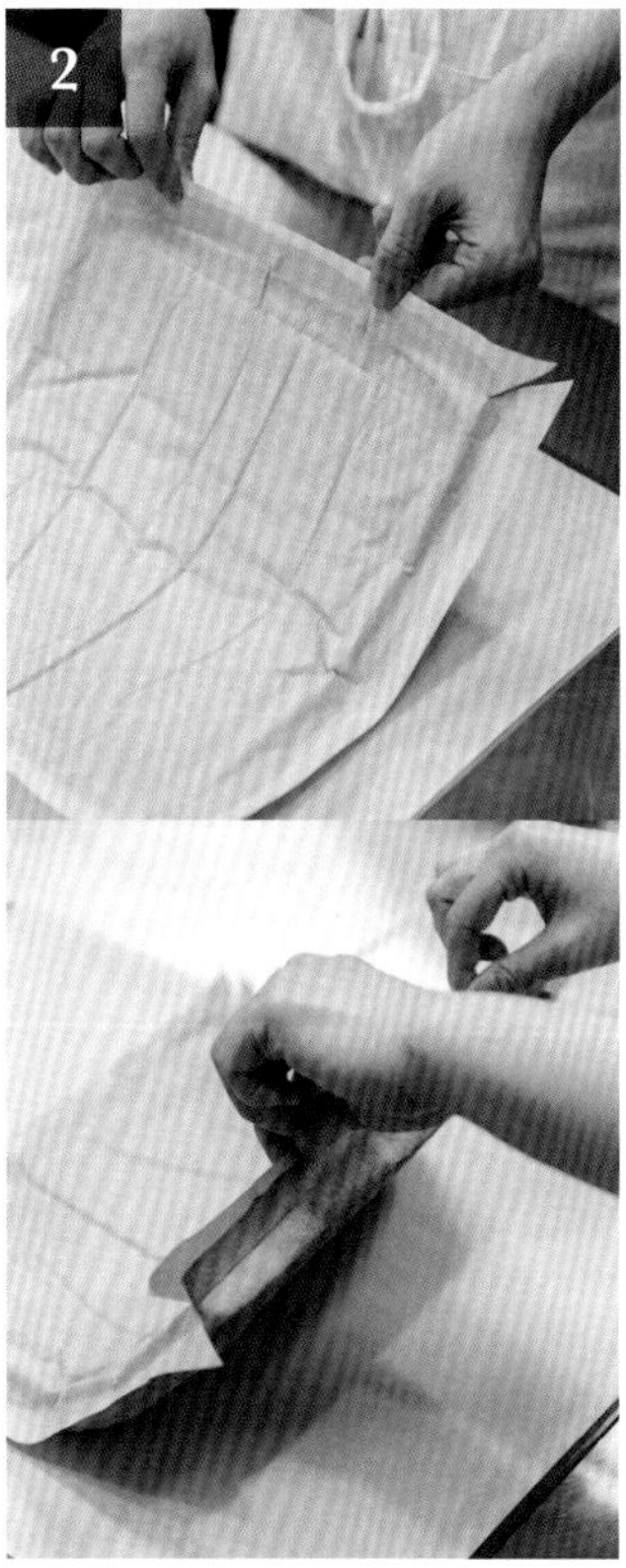

生地にかぶせておいたロール紙を光沢面を上に向けてシルパット（p.93）の上に重ね、粗熱の取れた生地を裏返してのせる。生地からクラフト紙をはがす。

Memo シルパットはすべり止めの役割。巻くときにロール紙がすべらず、作業しやすくなります。

3

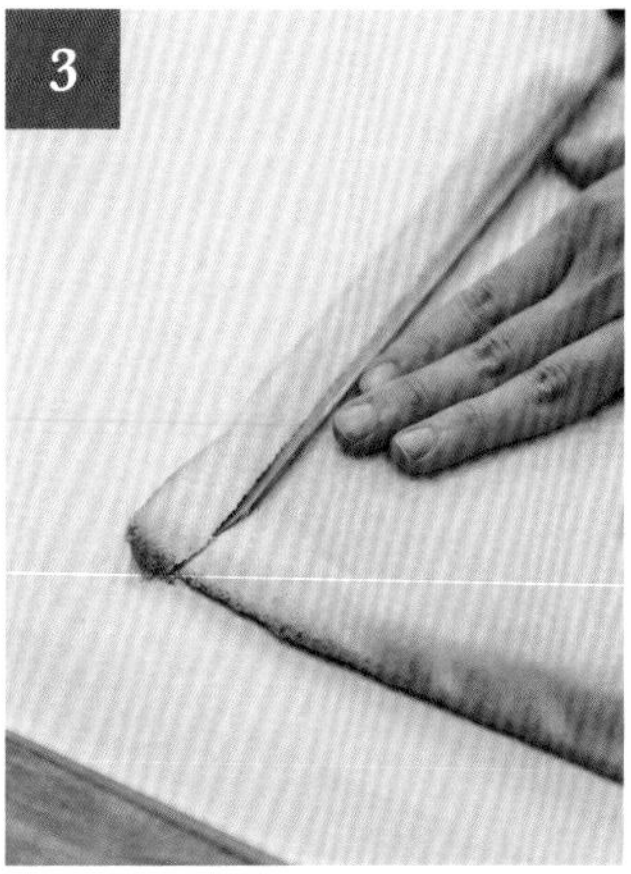

向こう側の一辺（巻き終わり）を斜め45度に切る。

Memo 斜めにカットすることで巻き終わりに段ができず、平らに仕上がります。

4

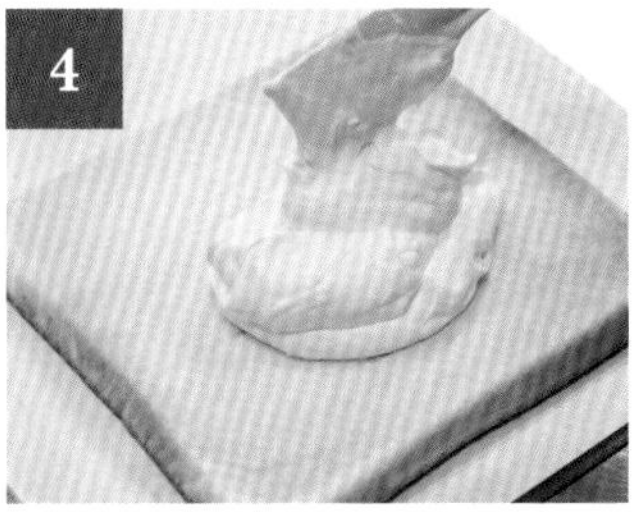

1のボウルを氷水に当ててかたく泡立て直し、生地の中央に全量をのせる。

Memo 巻いてから半日～丸1日ねかせるので、気持ちかたいくらいに泡立てておいた方がクリームがダレません。

5

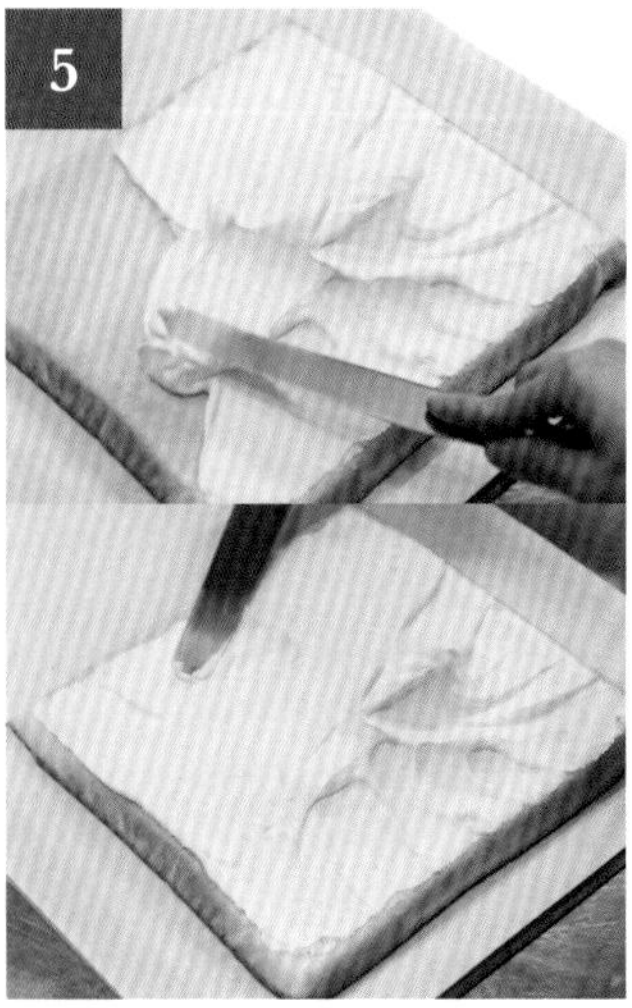

刃わたりの長いパレットナイフでクリームを中央から周囲へと塗り広げていく。

6

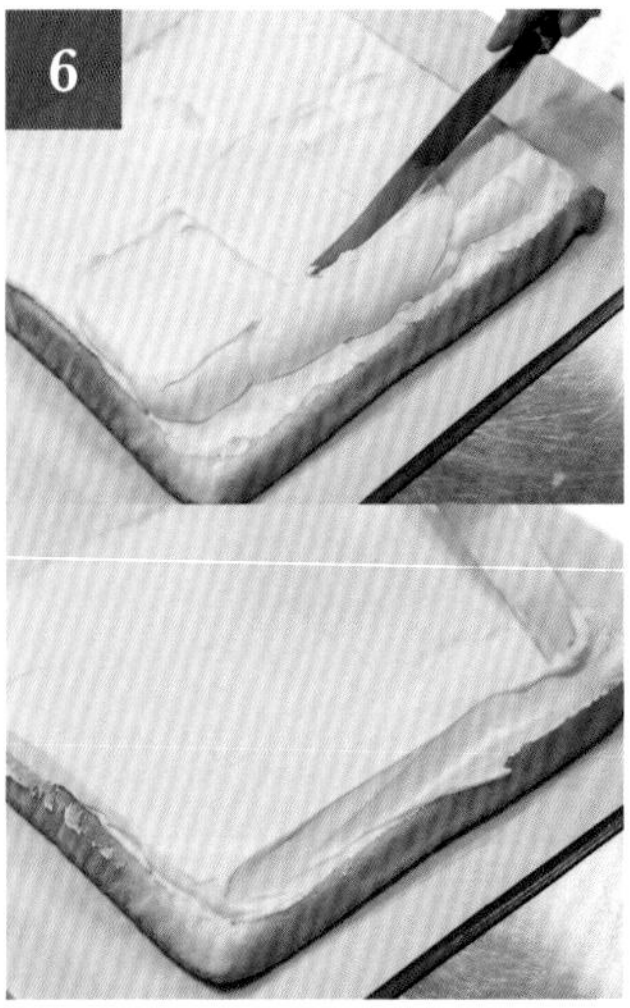

広げ終わったら、手前1cm分は1cmくらいの厚みにならし、その向こう側を3cm厚さに盛り上げる。

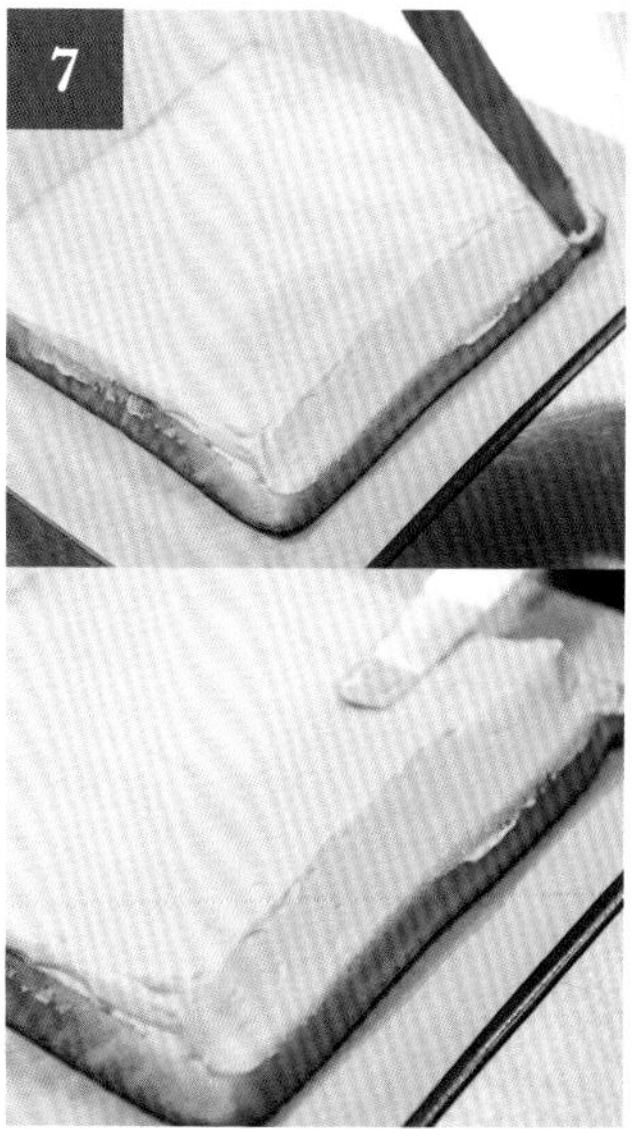

盛り上げた部分の手前をなだらかにならす。逆側も向こう側にいくにつれて薄くなるようになだらかな傾斜にする。

Memo 厚さ3cmの部分がケーキの中心になります。巻き終わりに近づくにつれてクリームの量を少なくするときれいに丸く仕上がります。クリームを整える作業は最低限の時間、手数で行いましょう。手をかけすぎるとクリームの口溶けが悪くなります。

手前のロール紙を持ち上げて、生地を3cm厚さのクリームの上にのせる。

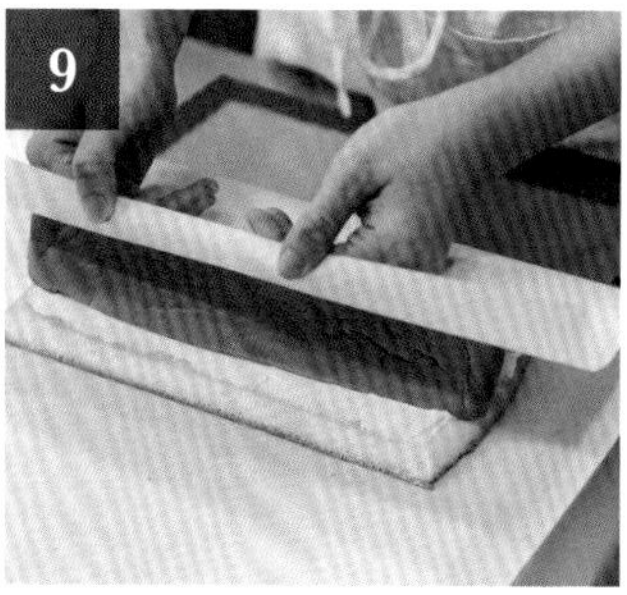

さらにロール紙を持ち上げて、8で巻いた部分を芯にして生地を巻く。

芯が太くなってきたら、最後はころんと転がして一気に巻く。

Memo ロール紙は端を上に向けて持って、ケーキに巻き込まないようにします。

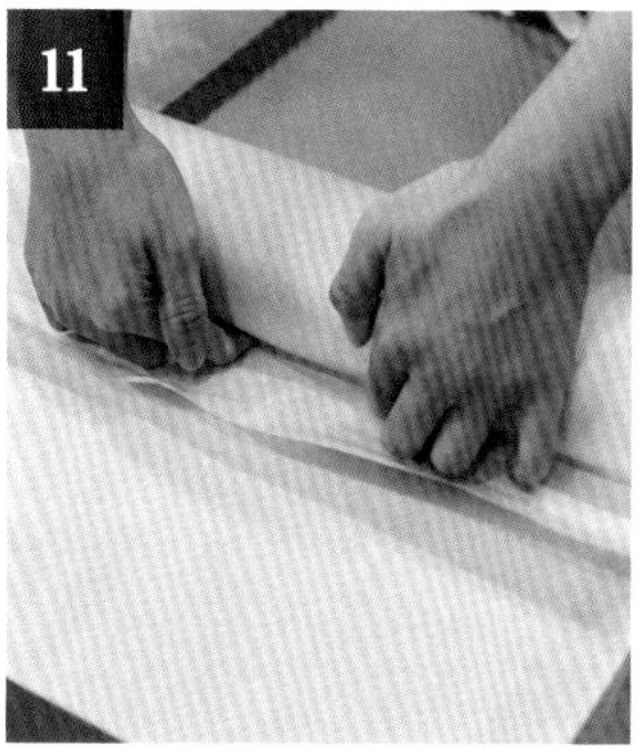

生地の巻き終わりを下にし、ロール紙を外側に折りながら生地の下側に押し込み、ケーキを手前にぎゅっと引いて巻きを締める。

断面が楕円形になるように形を整えて、両端の紙を折り返して密閉する。バットやトレイなどにのせて冷蔵庫で半日から丸1日ねかせる。

Memo 丸1日おくと生地がしっとりとしてクリームと一体化します。日持ちしないので早めに食べ切りましょう。

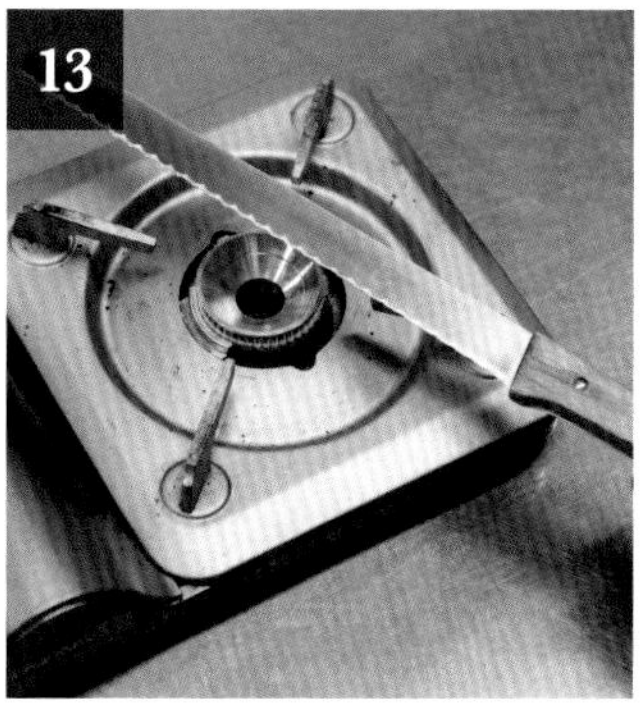

波刃で刃わたりの長いケーキナイフやパン用ナイフを直火にかざして温める。ナイフを立て気味にしてスッと押して生地を切り始め、寝かせ気味にして引く→押すの動きで手早く切る。1切れ切ったら、ぬれ布巾で刃をきれいに拭いてから次の分を切り、刃が冷えたら温め直す。

Memo 研いだ切れ味のよい牛刀でもOK。刃を熱くしすぎるとクリームが溶けてしまいますが、温まっていないと包丁にクリームがつき、それが生地の断面についてしまいます。また、美しく仕上げるために両端は切り落とし、1切れ3.5cm厚さに切るのがおすすめ。刃を3回、4回と何度も往復させず、手数少なく切るのがコツ。

クラフト紙とロール紙

天板にクラフト紙(写真左)を敷くのは、生地の水分を適度に吸収してくれてしわが寄りにくいから。ベーキングシートだと生地の水分の逃げ場がなく、蒸気がこもってしわが寄ることがあります。

生地を巻くときに使うロール紙(写真右)は、ロールケーキ天板のサイズに適した大判が市販されていて便利。片面に生地離れのよい加工が施されて、つるっとしています。その面を生地に当てて巻くことで、きつね色に焼けた皮がはがれずに、つるりときれいにはがせます。

レアチーズケーキ

Unbaked Cheesecake

クリームチーズとヨーグルトの心地よい酸味が口の中いっぱいに広がる、軽やかな口溶けのケーキ。細かく刻んだオレンジゼストが香りのアクセント。グレープフルーツのかわりに清見オレンジなど他の柑橘類やチェリーなどを入れてもよいでしょう。

◉材料

(直径18cm・高さ6cmのケーキ型1台分)

クリームチーズ生地

- クリームチーズ　200g
- グラニュー糖　60g
- プレーンヨーグルト（無糖）　120g
- 板ゼラチン　6g
- 水　30ml
- 生クリーム（35%）　150g
- レモン汁　12g
- グランマルニエ（p.92）　3g
- オレンジゼスト（p.92）　5g

ボトム

- 好みのビスケット（市販）　120g
- バター　30g
- 塩　1g

組み立て

- ピンクグレープフルーツ（果肉）　1/2個分
- 粉糖　適量

◉下準備

- ■生クリームは泡立て用のボウルに入れて冷蔵庫で十分に冷やす。
- ■クリームチーズ、ヨーグルトは常温にもどす。
- ■板ゼラチンは氷水でふやかす。
- ■バターは湯煎で溶かす。

◉作り方

ボトムを作る

1　フードプロセッサーなどでビスケットを細かく砕き、溶かしたバター、塩と合わせてむらなくなじませる。

2　型の底に敷き詰めてならし、冷蔵庫で冷やし固める。

クリームチーズ生地を作る

3　クリームチーズはゴムべらで練ってやわらかくし、グラニュー糖を加えて完全になじむまで練り混ぜる。

4　ヨーグルトを加えてむらなく混ぜる。

5　ふやかしたゼラチンの水気を絞り、分量の水で煮溶かし、粗熱を取って[4]に混ぜ込む。

6　目の細かい漉し器で漉す。

7　生クリームのボウルを氷水に当て、ハンドミキサーで5分立てにして[6]に加えて泡立て器で混ぜる。

Memo　生クリームを泡立てると口溶けがよくなります。ずっしりとした食感が好きなら、泡立てなくてもよいでしょう。

8　レモン汁、グランマルニエ、オレンジゼストを合わせて[7]に加えてむらなく混ぜる。

組み立てる

9　[2]の型に[8]の半量を流し、1房を4～5等分に切ったグレープフルーツの果肉を等間隔に並べ、残りの生地を流す。

10　冷蔵庫で半日冷やし固める。型から取り出し、直火で軽く温めたナイフで好みの大きさに切り分け、粉糖をふる。

ボトムについて

底に敷くボトムは市販のビスケットの他、タルト生地の2番生地（p.14）を焼いて砕いてもＯＫ。ビスケットの分量の一部として、刻んだローストナッツを混ぜるのもおすすめです。

鉄観音のパンナコッタ

Tieguanyin Tea Panna Cotta

鉄観音の深みのある渋みを生クリームで煮出したミルクティー風のパンナコッタ。スプーンですくうとぷるんとして、口の中でババロアのようにまったりと溶けていきます。穏やかな甘さなので、甘いものが苦手な方にもおすすめです。

◉材料

(容量150mlのグラス3個分)
牛乳　200g
グラニュー糖　35g
鉄観音の茶葉 (p.92)　6g
板ゼラチン　5g
生クリーム(35%)　150g

◉下準備

■板ゼラチンは氷水につけてふやかす。
※常温の水を使うとゼラチンが溶けはじめてしまいます。
■鉄観音の茶葉はお茶パックに入れる。

◉作り方

1　鍋に牛乳とグラニュー糖を入れ、中火にかけてひと混ぜし、準備したお茶パックを入れて濃く煮出す。
Memo ぐらぐら沸かないような火加減で煮出し、全体が薄茶色になったら火を止めて余熱で濃く抽出します。

2　1からお茶パックを取り除いてミルクティーをボウルに移す。

3　ふやかしたゼラチンの水気を絞り、2に加える。
Memo ミルクティーが冷める前にゼラチンを加えます。

4　ゴムべらで混ぜてゼラチンを完全に溶かす。

5　ボウルを氷水に当て、生クリームを加えてとろみがつくまで混ぜながら冷やす。

6　グラスに流し入れて冷蔵庫で冷やし固める。

材料について

〈本書でよく使う基本の材料〉

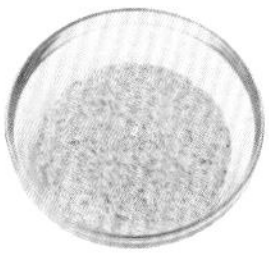

全粒粉
小麦を表皮、胚芽、胚乳ごと粉末に加工したもの。焼き上がりは薄力粉よりも味わい、色ともに濃くなります。

薄力粉
お菓子作りで一番活躍する小麦粉です。ふるう下準備を忘れずに。ふるうことで空気を含んで分散しやすくなります。

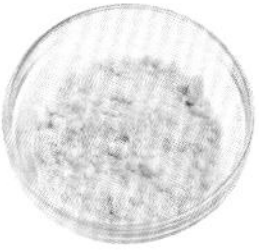

アーモンドパウダー
アーモンドの皮をむいて粉末状に加工したもの。生地類に混ぜ入れるとナッツの味と香りが加わり、焼くと香ばしさが出ます。

卵
全卵の計量は溶きほぐしてから量りましょう。用途に応じて常温にもどす、冷やすなどの温度調節をすることが大切です。

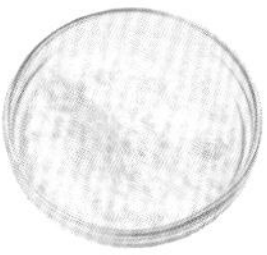

粉糖
粒が微細なので溶けやすく混ざりやすいのが特徴。仕上げにふわっとふりかける他、タルトの生地作り（p.13）にも使います。

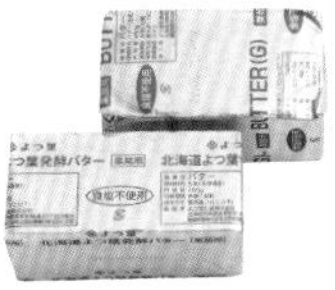

バター
発酵バターはこくがあり、通常のバターは風味が穏やか。どちらも食塩不使用を使用。事前に温度調節すること。

バニラビーンズ
バニラの種子をさやごと発酵・乾燥させて甘い香りを引き出したもの。半分に裂いて中の種子をこそげ出し、さやごと使います。

ラム酒
甘く深い香りの蒸留酒。原料はさとうきび。生地やクリームの香りづけに最適。本書ではアルコール40度のものを使っています。

牛乳
加工乳ではなく成分無調整の牛乳を使います。生地やクリームに混ぜる使い方が多く、生クリームではこくが強すぎるときに重宝。

生クリーム
植物油脂ではなく乳製品を使用。保形性やこくがほしいときは乳脂肪分42％、軽やかにしたいときは35％を使用（近い数値で代用可能）。

グラニュー糖
純度が高く、お菓子に雑味のない甘さをつけられます。他の材料の味や香りをストレートに生かしたいときに重宝します。

〈本書で使用している副材料〉

板ゼラチン
動物性凝固剤。氷水でふやかして使います。粉ゼラチンでも代用可能。

フィヤンティーヌ
小麦粉生地をごく薄くのばしてパリパリに乾燥させて焼いた市販品。

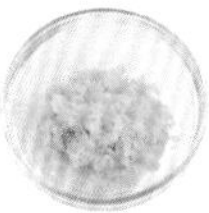

オレンジゼスト
オレンジの皮の冷凍加工品。クリームや生地に使用（p.75、88）。

フランボワーズパウダー
ラズベリー果汁を粉末状に加工。クリーム（p.74）に使用

パールシュガー
小さなあられ状砂糖粒。焼き込んでも溶けず、カリッとした食感が残ります。

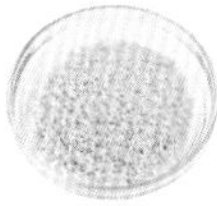

アーモンドダイス
皮をむいたアーモンドをごく小さいさいの目状に刻んだもの。

マロンピューレ
蒸し栗のピューレ。砂糖など他の材料不使用のもの（サバトン社製）を使用。

高山茶葉
台湾の高山で栽培された滋味深い茶。茶葉とパウダーをジャム（p.59）に使用。

鉄観音の茶葉
中国や台湾の半発酵青茶。牛乳で煮出して使用（p.90）。

ほうじ茶パウダー
ほうじ茶を粉末にしたもの。クリーム（p.76）に使用。

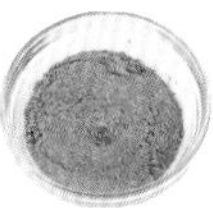

金萱茶パウダー
軽発酵の香りよい台湾茶。粉末加工品をクリーム（p.78）に使用。

アールグレイ茶葉パウダー
アールグレイ紅茶葉を粉末に加工。クリーム（p.77）に使用。

シナモン
香りの強いカシア種の樹皮を砕いたもの。ルバーブのジャム（p.58）に使用。

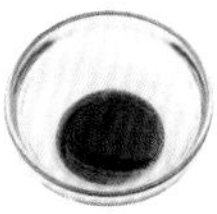

バニラペースト
バニラビーンズをペースト状に加工。クリーム（p.86）に使用。

金木犀シロップ
キンモクセイの花の香りのノンアルコールシロップ。クリーム（p.75）に使用。

バタースコッチ
バターキャラメルのような風味。アルコール15度のものをチーズケーキ（p.32）に使用。

ジャスミンリキュール
ジャスミン茶葉で香りづけしたリキュール。アルコール20度のものをゼリー（p.44）に使用。

ピーチリキュール
桃の香りのリキュール。アルコール18度のものをクリーム（p.74）に使用。

グランマルニエ
コニャックベースのオレンジリキュール。アルコール40度。

道具について

〈本書でよく使う道具〉

シルパン
天板に敷くためのメッシュ状シリコンシート。余分な油脂がメッシュを通して流れ出ます。洗って繰り返し使用可能。

シルパット
耐熱性のシリコンシート。天板に敷いて生地を絞ったり、ロールケーキを巻くときのすべり止めにも使えます。

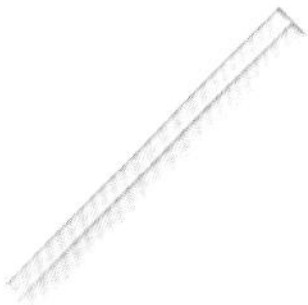

ルーラー
生地を一定の厚さにのばしたり、スライスしたりするときにあると便利。生地の両脇に置いて使います。

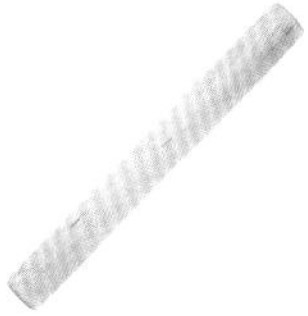

めん棒
生地をのばしたり、まとめた生地の形を整えたりするのに使います。打ち粉をふると生地の付着をおさえられます。

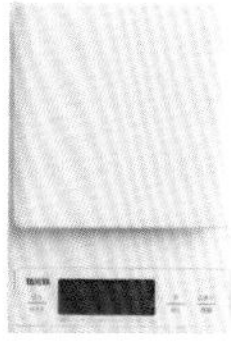

電子キッチンスケール
材料の計量は正確さが何よりも大切です。容器の重さを引ける風袋引き機能つきの、0.1g単位で量れるものがおすすめ。

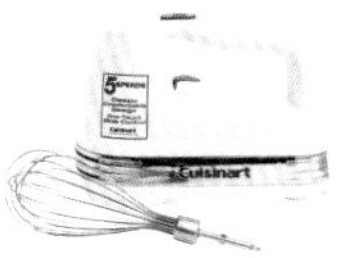

ハンドミキサー
生クリームやメレンゲの泡立てに欠かせない電動器具。アタッチメントのワイヤー本数が多いほど泡立てる力が強くなります。

ペティナイフ
プリンを型から外すときには、刃幅が細いペティナイフやパレットナイフが便利です。

ケーキナイフ
ケーキ専用の刃わたりの長いナイフ。刃の縁が薄く研がれているため、やわらかい生地でもきれいに切れます。

カード
クリームや生地を平らにのばすときに使います。量が多くてのばす面積が大きいときに便利。

パレットナイフ
クリームや生地をならす道具。刃の根元に角度がついているため、手を自由に動かせるのが利点。

絞り出し袋
クリーム類や生地を絞るための袋。先端に口金をつけて使います。なければ厚手のポリ袋の角を切って代用。

タルト用重石
タルト生地を空焼きするときに、中に詰めて生地の浮き上がりを押さえます。乾物の豆、米、粒塩でもOK。

〈本書で使用している型類〉

ロールケーキ天板
27cm四方のものをロールケーキの生地（p.84）に使用。オーブンに入る大きさを選びましょう。

トヨ型
ほうじ茶のテリーヌショコラ（p.34）に長さ30・幅8・高さ5.5cmの角足つきタイプを使用。生地の量を減らせばパウンド型で代用できます。

ケーキ型
直径18cm・高さ6cmをチーズケーキ、レアチーズケーキ（p.32、88）に、直径15cm・高さ6cmをバスク風チーズケーキ、ビクトリアケーキ（p.50、54）に使用。フッ素樹脂加工の底が抜けるタイプがおすすめ。

タルトリング
直径7cmのものをタルト生地の敷き込み（p.14）に使用。丸型に限らず、好みの形を使ってもよいでしょう。

抜き型
直径10cmのものをタルト生地（p.14）に、直径5cmのものをシュー用クッキー生地（p.69）に使用。セルクルでも代用できます。

丸口金
口径14mmのものをシュー生地の絞り出し（p.68）に使用。

15切星口金
刻み15切のタイプをレモンタルトのクリームデコレーション（p.26）、エクレア生地の絞り出し（p.78）に使用。写真はポリカーボネート製。

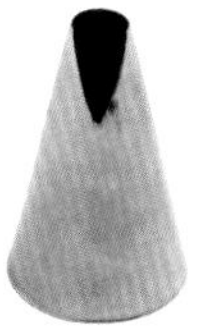

サントノーレ口金
口径15mmのものをマロンとキャラメルのタルト（p.24）、いちじくのタルト（p.28）、ぶどうタルト（p.29）のデコレーションに使用。

6切星口金
口径7mm、刻み6切のタイプをいちごタルト（p.21）、シュー（p.71～77）、エクレア（p.78）のクリームデコレーションに使用。

プリン型
容量150mlのものをプリン（p.38）に使用。容量が増えるほど火通りに時間がかかります。

おわりに

ふと、思い起こすことがあります。

深煎りコーヒーのこくと香りが口の中に広がったとき、自然とそれと相性のよい味を求めたことを。

季節を感じさせる果物の味や香り、なめらかなクリーム、サクサクした生地の食感。

甘味という器の中にある味、香り、食感が、一杯のコーヒータイムをより充実したものにしてくれます。

この本はカフェのお菓子にフォーカスしていますが、
どのお菓子もカフェという空間があったからこそできたものです。
空間と飲み物に合わせて作ったお菓子は、まるで灯火のよう。
ありがたいことにその小さな幸せの甘味を求めて、通ってくださるお客様もいます。

カフェを訪れる目的は人それぞれ。

息抜きの癒やし空間を求める人もいれば、久しぶりの友人との繋がりを深める目的の人もいるでしょう。

カフェの中では、毎日いろいろな物語が起きています。

店で過ごす時間も、家で友人と集まる時間も、
この本のレシピが少しでもくつろぎの時間をより楽しむために役に立てたらうれしく思います。

毛　宣惠（マオ シュエンホェイ）

毛　宣恵
（マオ シュエンホェイ）

台湾出身。高校卒業後来日。２０１５年友人とともに町づくりの会社を立ち上げる。同年の8月にカフェ「from afar 倉庫01（現在は from afar に改名）」をオープンし、ケーキと焼き菓子の研究と製作をはじめる。その後、２０１７年11月に「菓子屋シノノメ」、２０１８年10月に「喫茶半月」、２０１９年7月に「茶室 小雨」をオープン。他に近隣に生活用品店「道具屋 nobori」、洋服と身にまつわる物を扱う「文月」を経営しつつ、各カフェの商品開発にかかわりながら暮らす。

写真提供／light source

アートディレクション　成澤　豪（なかよし図工室）
デザイン　成澤宏美（なかよし図工室）
撮影　清永　洋
取材・文　美濃越かおる
図版　蔦谷信子
校正　ケイズオフィス
ＤＴＰ制作　天龍社

カフェのお菓子
好きな飲み物と過ごす心地よい時間

２０２１年2月20日　第1版発行
２０２１年3月10日　第2版発行

著者　毛　宣恵
発行者　関口　聡
発行所　一般社団法人　家の光協会
〒１６２-８４４８
東京都新宿区市谷船河原町11
電話　０３-３２６６-９０２９（販売）
０３-３２６６-９０２８（編集）
振替　００１５０-１-４７２４
印刷・製本　図書印刷株式会社

ISBN 978-4-259-56681-4 C0077